国际发展合作研究丛书

中国与中东欧国家的科技创新合作

张建华◎著

Cooperation in Science，Technology and Innovation
between China and Central and Eastern European Countries

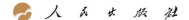

人民出版社

丛 书 序

　　"发展"作为全球性的信仰,极大地改变了人类历史进程与整个世界的面貌。自第二次世界大战后国际发展时代开启以来,经济合作与发展组织成员开展了大量的国际发展实践,其理论政策的研究也渐趋成熟。2015年9月,联合国发展峰会正式通过了《2030年可持续发展议程》,开启了人类国际发展历史的新纪元。改革开放40多年来,中国通过艰辛的探索实现了经济的快速发展,同时也衍生出有别于发达国家的国际发展合作理念与实践。中国国际发展合作具有鲜明的南南合作特色,一方面坚持平等互利、不干涉他国内政等基本原则;另一方面在实践中更偏重基础设施与经济领域,更重视援助与贸易投资的结合,更关注援助对受援国的经济增长和减贫的影响。2013年,习近平主席提出的"一带一路"倡议是新时期中国版的国际发展合作倡议,随着"一带一路"建设的推进,中国国际发展合作的理念和经验的价值进一步凸显。2015年9月,习近平主席在联合国发展峰会上宣示了中国一系列的国际发展合作举措,向世界宣示中国将会在全球发展领域发挥更大的作用。2018年4月,中华人民共和国国家国际发展合作署成立,以推动中国的国际发展合作更有效地服务中国大国外交战略、"一带一路"倡议及联合国可持续发展目标。在此国际国内背景下,中国的国际发展合作研究进入重大战略机遇期,特别需要相关智库和学者深入研究国际发展的理论与政策,推动国际发展知识的交流与互鉴,培养中国本土的优秀国际发展人才,增强中国全球发展治理话语权;同时,需要认真总结中国发展合作经验,弘扬中华民族智慧,推动南南发展合作,对接联合国可持续发展议程,为全人类共同发展作出重大贡献。

2018 年 5 月，上海对外经贸大学校领导适时把握机遇，在上海市人文社科重点研究基地国际经贸研究所基础上组建了国际发展合作研究院，使上海对外经贸大学成为中国国际发展研究的又一重镇，国际发展合作研究也成为上海对外经贸大学智库建设、学术研究、人才培养的新的增长点。研究院成立以来，首先进行国际发展合作研究团队建设。通过招聘专职研究人员及充分发挥国际经贸研究所原有研究力量，组成了国际发展、国际贸易、国际投资及国际经济法等研究团队，努力构建既掌握国际发展理论与趋势又谙熟中国国际发展合作政策与经验的国际发展研究人才队伍。其次致力于国际发展合作理论与政策研究，在国际发展合作领域推出一系列具有国际视野和水准、融汇国际发展理论与中国国际发展合作理念和实践的高质量研究成果。最后定期举办国际国内高端国际发展合作及相关主题的研讨会，力求建设中国一流的国际发展合作交流网络。研究院每年举办的中国世界经济学会国际发展论坛、中非产能合作论坛已成为中国国际发展学界以及中非经贸合作领域的重要论坛和会议品牌。除此之外，研究院还根据年度研究重点，组织小型专题研讨会，对国际发展合作领域专题进行针对性的深入探讨。经过一年的建设，2019 年 4 月在第二届"一带一路"国际合作高峰论坛上，研究院已经入选"一带一路"国际智库合作委员会成员单位，也是国内智库中唯一专门从事国际发展合作理论与政策研究的机构。

我们认为，国际发展作为极具魅力的理论与实践领域，不仅有实际的价值，更有终极的意义。从小处看，具体的发展援助项目可以改善落后地区部分人群的生存状况；从大处看，有效的国际发展理论与政策能够切实提高发展中国家和地区人民的发展水平。回顾历史，把握国际发展演进的脉络有利于我们深刻了解人类社会变迁的规律；翘首远望，国际发展哲学及理论的研究促使我们深入思考人类的前途与命运。人生的价值，只有融入一项伟大的事业，才能更好地实现。国际发展合作就是一项伟大的事业，而专注国际发展合作理论与政策研究正是我们推进这项事业向前发展的方式。

"中国国际发展合作研究丛书"是以上海对外经贸大学国际发展合

作研究院为主体整合国内相关研究力量在国际发展合作研究领域推出的系列研究成果,该系列成果的推出,一方面汇集了上海对外经贸大学国际发展合作研究的阶段性成果,另一方面也希望由此推动中国国际发展学科的建设以及中国国际发展合作理论与政策研究的进一步深入,为中国的国际发展合作事业的发展作出贡献。

特别希望国际国内发展及相关领域的专家学者、政府相关部门及国际发展合作实践者能对我们的成果提出宝贵意见。希望我们共同努力,推进中国国际发展相关理论与政策的研究工作,同时也通过我们的研究服务国家战略、推动国际发展合作、创新智库服务。

黄梅波

于上海

目　　录

前　言

中国与除波黑外的 15 个中东欧国家已建立起政府间科技创新合作关系,与这些国家的合作可追溯至新中国成立之初,其中与一些国家的合作绵延不断,与另一些国家的合作经历了波折或变更。"16+1"机制、"一带一路"倡议及其专项科技创新合作规划丰富和强化了彼此的合作,2018 年启动的"中国—中东欧国家科技创新伙伴计划"系统化了以往的合作内容和形式,我们期待这些努力结出丰硕的果实。

本书源于 2017 年上海对外经贸大学中东欧研究中心委托研究的课题,本想用一年时间写个研究报告,但随着研究的深入,我发现这是一个很有趣的问题,于是拓宽研究思路,最终形成了这本书。我对中国的国际科技创新合作将会继续研究下去,欢迎读者和学术界对本书提出批评和建议。

全书的结构如下:第一章概述了中国与中东欧 16 国科技创新合作情况;第二章梳理了国际科技创新合作理论;第三章系统总结了国内学者关于国际科技创新合作的研究;第四章根据世界知识产权组织、世界经济论坛和欧盟对各经济体创新绩效的评价结果,比较了中国与中东欧 16 国的科技创新能力;第五章总结了研究中的主要发现,并就完善中国与这些国家的合作提出一些设想。

感谢上海对外经贸大学中东欧研究中心的尚宇红教授和姚莉华老师给予的研究支持,感谢上海对外经贸大学国际经贸研究所所长黄梅波教授给予的出版资助,感谢《国际商务研究》编辑部同事们(金孝柏、李一峰、梁丽华)给我创造的便利条件,感谢人民出版社郑海燕编审付出的辛勤劳动。

张建华

2019 年 11 月于上海对外经贸大学

第一章 "16+1"科技创新合作概况

国际科技创新合作是一国科技创新活动的一种方式,也是国家外交中的一项功能,不仅有助于解决科技创新领域里的问题,还能够为其他领域国际合作提供解决方案和支持;既能服务于国家外交政策,亦会得益于或受制于外交政策。时至今日,中国已经与158个国家、地区和国际组织建立了科技创新合作关系,在所有这些合作伙伴中,与中国最早建立政府间合作关系的当属中东欧国家了,而且一直延续至今,尽管其间与个别国家的合作关系有所波折或变更。进入21世纪第二个10年,中东欧16个国家再次成为中国外交一个重点挖掘的领域①,建立了中国—中东欧国家领导人会晤机制(即"16+1");很快这些国家又涵盖于"一带一路"倡议中。在这两个重要的国家外交活动中,都包含了科技创新合作。

通过回顾文献,我们惊奇地发现,尽管双方有这么长时期的合作实践和良好的合作预期,但是专门研究双方科技创新合作的文献极少(研究性论文只有3篇),可以说是一个研究空白,与实践和历史明显不匹配(见图1-1)。已有的文献主要体现在三个方面:一是20世纪90年代初之前,文献集中于对中东欧16个国家中个别国家的生产技术考察报告和科技创新政策介绍;20世纪70年代和改革开放之后,即使是这样的文献也少了。二是在研究中国与欧洲(欧盟)科技创新合作的文献中,偶尔会涉及16个国家中的个别国家,但也仅仅限于统计意义上,或者说只是一个统计数据而已。三是中国提出"一带一路"倡议后,研究者在分析中国

---

① 本研究所指的中东欧16个国家(简称"中东欧16国")分别是:阿尔巴尼亚、波黑、保加利亚、克罗地亚、捷克、爱沙尼亚、匈牙利、拉脱维亚、立陶宛、北马其顿、黑山、波兰、罗马尼亚、塞尔维亚、斯洛伐克和斯洛文尼亚。

与沿线国家的科技创新合作状况时,提到 16 个国家中的几个与中国合作强度较大的国家,同样也仅限于统计意义上,没有给予专门分析。[①] 秦波等人(2016)的研究表明,相比于对双方比较活跃的政治、经济和贸易研究,对农业科技合作研究较少。显然,中国与这些国家的科技创新合作不是研究者们的兴趣所在,这种状况不仅不利于与这些国家外交政策的实施,而且也不利于发现中国与这些国家科技创新合作中存在的问题及其解决之道,这种情况需要改变。问题是,为什么会出现这种情况? 难道双方的科技创新合作对彼此都不重要吗? 下面我们将在历史事实考察的基础上,给予解答。

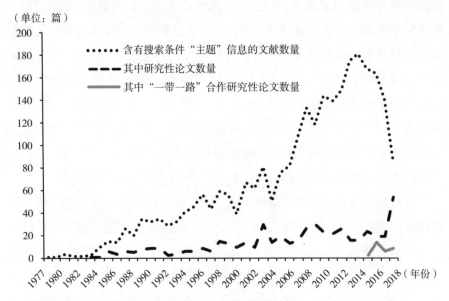

（单位：篇）

······ 含有搜索条件"主题"信息的文献数量
- - - - 其中研究性论文数量
—— 其中"一带一路"合作研究性论文数量

图 1-1　1977—2018 年中国—中东欧国家科技创新合作研究性论文数量

说明:搜索条件"主题"是"科技合作"并含"国际",检索到 2727 条有效文献。最后检索日期 2019 年
　　1 月 31 日(文献覆盖的时间范围是 1980—2018 年。这些文献中属于研究性论文的有 514 个,
　　其中涉及与"一带一路"和中东欧国家合作的研究性论文分别有 32 个和 3 个)。

资料来源:根据从"中国知网"搜索到的文献数量整理。

---

① 它们是波兰、捷克、匈牙利、罗马尼亚、克罗地亚、捷克、斯洛文尼亚、斯洛伐克和保加利亚。

第一节　国际科技创新合作演化

1949 年新中国成立之后,在当时的国际关系条件下,中国的政府间科技创新合作主要局限于与苏联及东欧等社会主义国家之间。但是,政府的指导思想是愿意同所有国家和地区合作,比如在《1956—1967 年科学技术发展远景规划纲要(修正草案)》中提出:"在国际合作中,应根据各国科学技术的特长和双方需要,遵照我国的外交政策,在平等互利的基础上,进一步扩大与加强和苏联及人民民主国家的合作,同时也要积极开展和世界上其他国家的学术交流和合作。"

1960 年,中苏关系恶化,苏联政府撕毁合作协定、撤走专家,对中国的科技创新合作及技术援助体系随之解体,与东欧国家的合作也大为收缩,这也成了中国科技创新国际合作的转折点。与社会主义阵营的合作中断或缩小之后,中国与西欧、日本等国家的民间科技往来开始兴起。1971 年,中国恢复在联合国的合法席位,与中国建交的国家随之增加,国际科技创新交流与合作范围也扩大了,特别是政府间的合作交流范围扩大了。党的十一届三中全会(1978 年)以后,作为改革开放内容之一的国际科技创新合作进入了全方位发展时期,中国与发达国家相继签订了政府间科技创新合作协定,其中 1979 年的中美科技协定是最大的框架协定,被称作中美合作的三大支柱之一;1984 年,中国与苏联恢复科技创新合作交流,与东欧、亚非拉也恢复、延续或开拓了合作交流;1989 年以后,科技外交成为中国打破西方制裁的突破口(吴贻康,2009)。

到 2018 年年初,与中国建立科技创新合作关系的国家、地区和国际组织达到 158 个,签署政府间合作协议 112 个,参加国际组织和多边机制超过 200 个,参与和主持了多个国际大科学计划和大科学工程,中国已经成为全球创新版图中的重要一极[①]。极其广泛的开放合作极大地提升了

---

① 国务院新闻办公室举行新闻发布会,由科技部部长等人介绍中国的科技创新情况,2018 年 2 月 26 日。

中国的科技创新能力和国际地位,并由此建立了完备的工业体系,在世界知识产权组织等机构历年发布的《全球创新指数》中,中国的科技创新地位持续提升,从 2008 年的第 37 位上升到 2018 年的第 17 位,被认为是唯一的科技创新能力快速提升、与发达国家缩小差距的发展中国家。目前,中国在国际科技创新合作网络中的中心度已经超越了多数发达国家、居全球前 10 位(国家科技评估中心等,2017)。

在近七十年的合作史中,中国的国际科技创新合作发生了巨大的国别结构变化,其中有三个变化最突出:一是从新中国成立初期对苏东国家的"一边倒"到改革开放后建立起以美国为中心、以发达国家为主、遍及全球的国际科技创新合作网络。目前这个国际科技创新合作格局正在发生重构。二是合作领域比较宽且有差异,包括基础科学与技术研发,既与外国的科研机构合作,也与企业合作。发达国家的研发机构在与中国的合作中偏重于基础科学,而在高技术领域通常禁止与中国合作,理由是基础科学领域的竞争程度较低。随着中国科技创新能力提高和关键技术突破,外国也逐步重视和放宽高技术领域的合作。发达国家和跨国公司与中国的研发机构合作重在利用中国优质、廉价的科技创新资源为其服务。三是在这几十年的合作中,中国的合作者角色从早期主要的科学和技术学习者与引进者的角色演变为多元角色并存。在当前的国际合作交流中,中国同时扮演着三个角色:学习型、援助型和互补型。学习型,即继续向科技创新能力比较强的国家和国际组织学习和引进技术,包括发达国家和在某些领域有优势的发展中国家;援助型,为实现联合国千年发展目标和 2030 年计划以及在双、多边关系中向那些科技创新能力比较弱的国家提供科学技术援助,比如非洲、亚洲、拉丁美洲和欧洲的一些国家,这个角色越来越突出①;互补型,与合作者发挥各自的优势,取长补短。

---

① 2018 年 3 月,中国政府组建了国家国际发展合作署,是国务院的一个直属机构,技术援助是其中一项内容。

第二节 与中东欧国家合作的事实考察

中国与16个中东欧国家中多数国家的政府间科技创新合作可追溯至新中国成立之初的20世纪50年代,其中1952年与捷克斯洛伐克签署了新中国第一个政府间合作协定,与一些国家的政府间科技合作协定虽然在90年代签署,但在外交政策的影响下,两国间的科技机构早已开展合作,比如,中国科学院与阿尔巴尼亚的地拉那大学在1964年就签订了合作协议和年度合作计划,在南斯拉夫和捷克斯洛伐克等国家解体之后,中国又与新诞生的国家或延续、或新签署了政府间合作协议。至2018年,除波黑(与中国于1995年建交)外,中国与其他15个中东欧国家都签有政府间科技创新合作协定、协议或备忘录(见表1-1)。与这些国家的科技创新合作领域和形式也越来越丰富多样,在所有合作国家中几乎或多或少地涉及农业、医学、环境、生物、物理、化学、信息、机械制造、新材料和能源等,既有传统的也有新兴的科学和技术领域;合作形式从交流、引进、共同研发到规模化的创新论坛、共建联合实验室、技术园区以及技术转移中心等等。

表1-1 中国—中东欧16国政府间科技创新合作历程

国 家	建交时间	合作文件 (签署年份)	合作领域	合作 机制	主要活动
保加 利亚	1949年	《科技合作协定》 (1955)	农业、医学、环境、生物、化学、信息、机械制造、新材料和能源等	政府科技合作委员会	至2018年召开了16届例会
波兰	1949年	《技术与技术科学合作协定》(20世纪50年代初);《科学技术合作协定》(1995)	农业、环境、生物、物理、煤炭、清洁能源、材料、计算机、电动汽车、矿业安全、机械等	中波科技合作联合委员会	至2018年召开了37届例会

续表

国 家	建交时间	合作文件（签署年份）	合作领域	合作机制	主要活动
捷克	1949年	《科技合作协定》（1952、1995）；《关于共同支持联合研发的谅解备忘录》（2016）	农林牧、环保、医药、材料、生物、物理、化学、能源、机械工程等	科技合作委员会	至2019年召开了43届例会
罗马尼亚	1949年	《科技合作协定》（1953）；《信息通信技术领域合作谅解备忘录》（中国工信部与罗马尼亚通信和信息社会部，2011）；《在罗马尼亚建立农业科技园区的合作协议》（两国农业及科研机构，2012）	农业与食品技术、医药、材料、物理、数学、能源与环境、生物技术、健康与生物医学、信息通信技术等	科技合作委员会	至2018年召开了43届例会
匈牙利	1949年	《科技合作协定》（1953、2002）；《中匈政府间科技合作计划》（2010、2013，计划是在例会期间通过的）；《关于联合资助中匈科研合作项目的谅解备忘录》（2017）	农业与食品、生物、中医药、材料、物理、环境、机械、信息通信，特别关注应用研究，加强大型科研基础设施的合作	科技合作委员会	2002年新签协定后，至2019年召开了8届例会
斯洛伐克	1949年	《科技合作协定》（1997）	农业、生物、材料、物理、机电、环境、能源、电子工程、化学工程等	科技合作委员会	至2018年召开了8届例会

续表

国　家	建交时间	合作文件 （签署年份）	合作领域	合作 机制	主要活动
塞尔维亚	1955 年	《科技合作协定》(2009)；《关于建立农业科技合作促进网的备忘录》；《关于组织中方科学家参加塞方国家科研项目评审的谅解备忘录》(2013)	农业、机械、材料、物理、环保等	科技合作委员会	取代与原南斯拉夫签订的政府间协定，至2018年召开了4届例会
克罗地亚	1992 年	《科学技术合作协定》(1994)；《卫生和医学科学合作协定》(1999)	农业、环境、材料、物理、信息、生物、机械工程、物联网、能源等	科技合作混委会	至2019年召开了8届例会
斯洛文尼亚	1992 年	《科学技术合作协定》(1993)；《教育、文化、科学合作协定》(1993)；《关于设计批准、出口适航审定、设计批准证后活动和技术支援的技术安排》(双方民航局,2016)	环境、生物、食品安全、材料、物理、数学、医药、化学、农业与食品技术、信息通信技术等	科技合作委员会	至2018年召开了12届例会
北马其顿	1993 年	《科学技术合作协定》(1995)	农业、信息、地震、电子、环保、机械工程、土木工程、计算机科学、医药等	科技合作委员会	至2017年召开了5届例会
黑山	2006 年	《科学技术合作协定》(2011)	农业、环境、生物、物理、数学、化学、地质、机械工程、电子工程、信息通信技术等	科技合作委员会	至2018年召开了3届例会

续表

国 家	建交时间	合作文件（签署年份）	合作领域	合作机制	主要活动
阿尔巴尼亚	1949年	《科学技术合作协定》(1991)			
爱沙尼亚	1991年	《科学合作协定》(1993)；《科学院科学合作谅解备忘录》(2000)	无相关活动资料		
拉脱维亚	1991年	《科学技术合作协定》(1996、2018)			
立陶宛	1991年	《科学技术合作协定》(1992)；《铁路科技和经济合作协议》(双方交通部，1993)			

说明：①表中列出的科技创新合作不包括两国政府间签署的经济技术方面的合作协定。②合作文件包括协定、协议或备忘录等，签署年份是指最早签署的年份。③中国政府与捷克政府签订科技合作协定的年份来自张菊：《中欧科技合作的现状与前景》，《中国科技论坛》2003年第1期。④合作领域是历次例会涉及合作领域的累计。科技部与某一国在每次例会上签订的合作议定书中的合作项目，通常是科技部向国内征集并符合科技部的立项要求，而后通过双方审定的项目。⑤与捷克和斯洛伐克的建交时间沿用与捷克斯洛伐克的建交时间，与塞尔维亚的建交时间继承了与南斯拉夫的建交时间。在可找到的文献中，中国与南斯拉夫最早的政府间科技创新协定签署于1974年。

资料来源：根据中国外交部网站的"国家和地区——欧洲"国别资料和科技部国际合作司网站提供的资料整理，访问时间是2018年12月；其中的科技创新合作例会次数根据科技部网站发布的新闻报道给予及时更新，最新更新时间是2019年10月28日。

近年来的合作情况如下。

国家科技报告服务系统中的"国家国际科技合作专项"提供了"十一五"（2006—2010年）以来国家科技计划支持的国际科研项目的科技报告，至2018年3月，该系统共提供了840份科技报告，涉及11个科学技术领域。其中有23个是中国与中东欧国家的政府间合作项目报告[1]，这些项目的立项时间在2007—2011年间，完成时间在2012年9月—2014年

---

① 本研究检索案例的时间是2018年3月，另外，由于一些科技报告没有写出合作者的国别及单位，无法统计；2018年9月，科技报告增加到924份，增加的部分没有统计，也没有统计地方政府的国际合作项目。

9月;涉及地球、能源、材料、生命、工程、环境、前沿交叉和信息等8个学科领域。中国有24家机构参与,合作方涉及8个国家的至少25家机构,包括大学、科研院所和企业。在这8个国家中,中国与匈牙利的合作项目有8个,与波兰和斯洛文尼亚的合作项目各有3个,与保加利亚、克罗地亚、罗马尼亚和斯洛伐克的合作项目各有2个,与捷克的合作项目有1个。

2015年的国家国际科技合作与交流专项涉及39个国家、地区和国际组织,实施项目414个,其中有4个中东欧国家参与了其中的5个项目,分别是波兰2个,保加利亚、捷克和塞尔维亚各1个(中国科技部国际合作司,2016)。

自国家自然科学基金成立(1986年)以来到2014年,受该基金资助的国际科技合作论文中,论文数量排在前10位的"一带一路"沿线国家和地区中,中东欧国家有波兰、捷克、匈牙利和罗马尼亚,合作发表的论文数量分别是1607篇、1141篇、960篇和907篇(吴建南等,2016)。国家科技评估中心等机构(2017)发布的研究报告指出,"十二五"期间,与中国作者合作发表论文居前10位的"一带一路"沿线国家和地区中,包括波兰、捷克和匈牙利。霍宏伟等(2017)统计分析了中国政府提供的政府间科技合作项目情况,参与中国项目的中东欧国家有匈牙利、波兰、罗马尼亚、克罗地亚、捷克、斯洛文尼亚、斯洛伐克和保加利亚,这些国家参与的科技领域数和项目数及侧重点各不相同。

为响应"一带一路"倡议,科技部于2016年发布了《推进"一带一路"建设科技创新合作专项规划》。该规划认为,与沿线国家合作具备的基础有:国家发展阶段彼此相似,中国在先进适用技术和科技人才方面积累了丰富的经验,科技创新已经成为该倡议落实的关键支撑,与沿线国家有良好的合作历史。规划提出了密切科技沟通、加强平台建设、支撑重大工程、共建科技园区及聚焦沿线国家关键共性技术等5项重点任务;提出了农业、能源、交通及信息通信等12个重点领域。从政府间、企业、地方、协同创新以及民间组织等方面完善合作体制机制,并从财政、科技援助、人才、战略研究以及科技金融合作等方面给予支持。

自2013年以来,在中国与中东欧16国领导人年度会晤中签署的7

个合作纲要中,都含有丰富的科技创新合作内容(既有直接的也有间接的合作议题),而且希望合作不断深化。直接的合作包括双方提出的定期举办合作研讨会、技术人员培训、建立技术转移中心以及建立联合实验室和科技园区等等,在具体的合作中仍然根据双方的政府间科技合作创新议定书进行。间接的科技创新合作是在其他领域的合作中必然要包含的科技创新合作,比如环境保护、新能源开发、生态资源和历史文化遗产的规划和保护、卫生保健、农林牧渔业、智慧城市建设以及交通通信基础设施建设等,这些方面要取得预期的合作成效,必然要以科技创新合作为支撑。

在2018年的《中国—中东欧国家合作索非亚纲要》中提出,启动"中国—中东欧国家科技创新伙伴计划",合作内容涉及对话科技创新政策、举办创新合作大会、共建技术转移中心、共建联合实验室、联合研发、科技人文交流以及科普交流合作。这是自"16+1"合作实施以来首次系统地提出专门的科技创新合作计划,也是中国科技部制定的"一带一路"科技创新专项规划在这16个国家的落实计划,这应当是一个标志性的活动。

目前,中国与中东欧国家间的科技创新合作主要有三种途径:在政府间科技协定框架下的合作、企业的跨国研发合作和在多边框架下进行的合作。其中,最活跃的是第一种途径下的合作,主要是由双方的机构或个人申请并经两国主管科技的政府部门认定的项目研发,还有一些地方政府间的合作;基于市场行为的、双方企业间的跨国研发活动相对较少;多边框架下的合作多是借助诸如中国与欧共体的《中欧科技合作协定》(1998年)、中欧创新合作对话以及中欧科技合作"龙计划"等来进行①。

---

① 比如,2014年中国—克罗地亚生态保护国际联合研究中心成立、在苏州纳米城成立中捷技术中心、捷克的布尔诺科技大学和布拉格捷克理工大学与苏州高校技术研发和转移转化合作。中国北车集团与捷克技术大学在布拉格建立联合研发中心、中国青岛软控集团在斯洛伐克设立橡胶轮胎设备研发与技术中心。2018年3月,工业和信息化部又在河北省的沧州渤海新区设立"中国—中东欧(沧州)中小企业合作区",其中一个功能是中东欧国家先进技术转移孵化。

第三节 国际合作网络中非中心地位

在国际科技创新合作中,一国的政府、研发机构或者个人总是首先选择研发创新能力最强者为合作伙伴,即使一国的邦交国数量有限且这些国家的科技创新能力不是世界上最强的,也是如此。与中东欧国家的合作在我国的国际科技创新合作网络中处于什么地位? 上述那些数得过来的合作说明:与这些国家的合作是有限的并且有些冷清,没有像与科技创新发达国家的合作那样丰富多样。

一、学术机构的非主要合作对象

尽管在新中国的国际科技创新合作史上,中东欧这些国家是最早的政府间合作者并且有些合作领域不断深化、合作方式日益多样,但是如果与科技创新能力更强的欧洲国家合作相比较(见表1-2),中东欧国家并非是中国国际合作的主要国家。以下两个时代可以鲜明地反映出来:第一个时代是在新中国成立初期的政府间合作中,我国的合作限于社会主义国家阵营内和第三世界国家,由于这个阵营中苏联的科技创新能力最强,自然是我国首要的合作者。比如,在1950—1952年间,通过中苏合作途径,苏联按合同给中国提供了约500项技术资料,接待了中国94名考察和实习人员,向中国派遣了100多名技术专家;1952年5月,与捷克签订了中国对外第一个政府间科技合作协定,捷克接待了中国4名实习生(徐新民,1986)。在中国"一五"(1953—1957年)期间,苏联提供的156个援助项目就是典型的科技创新合作,与这些项目同行的是对方派来的大量科技专家,在项目落实的过程中,指导和培训了中国专家。从1950年到1959年,中国同外国签订的引进成套设备、生产线及单项设备合同450个,其中成套设备同苏联签订215个、同东欧国家签订108个(汪广仁,1996)。又如,自1954年10月中苏两国签订科学技术合作协定以来,中国从苏联取得了4000多项先进精湛的技术资料,并派遣许多专家前去技术考察和参加科技会议;比较而言,至1958年年底,东欧各国在各个领域提供给中国的技术资料 800 多项（易继明，2004）。在 1954—1959 年间，中国引进的技术文件中 85% 来自苏联，在机械制造方面则高达 95%（张泽宇，2016）。当 1960 年与苏联关系破裂、科技合作中断时，与东欧的合作也大为缩水；而当 1984 年与苏联恢复科技合作时，与东欧也恢复和开拓了合作（吴贻康，2009）。这个时期的合作虽然也是双向的（比如我国政府也向对方提供科技资料、安排对方考察），但主要是接受它们的技术援助，向这些国家学习科学技术、获得生产技术和管理方式，这些技术援助有力地支持了新中国第一个五年计划的完成和新中国成立初期的工业化。

另一个是 20 世纪 70 年代及以后，随着中国 1971 年恢复在联合国的合法地位，以及 1979 年与美国建立外交关系，有更多的国家与我国建立了外交关系，也签署和实施了更多的政府间科技创新合作协定（或协议、备忘录），那些与中国建立更早外交关系而没有科技创新合作的国家，这时也开始了双方的合作。于是包括政府间科技合作在内的中国国际科技创新合作便快速、大规模地转向了更发达的北美洲、欧洲与亚洲国家和地区，这种偏好于与发达国家和地区合作的格局保持至今。

根据《自然》（*Nature*）杂志 2017 年发布的中国学术机构（包括大学和科研院所）的国际研发合作情况，2016 年，在合作排名位于前 100 家（次）的学术机构（囊括了中国所有的顶级学术机构）中，位居它们第一位的外国合作者都集中于欧美发达国家，没有一家中东欧国家的学术机构[1]。我们统计了国家自然科学基金委员会的国际合作次数（2007 年 1 月 4 日—2019 年 10 月 29 日），这个时期公开发布的经批准的合作通知约 300 个，其中仅有 2 个是与中东欧 16 国中的波兰和捷克的合作[2]。该委员会的资助偏好

---

[1] Nature Index, Top 100 International Collaborations, https://www. natureindex. com/supplements/nature-index-2017-china/tables/international.

[2] 国家自然科学基金委员会国际合作局，http://bic.nsfc.gov.cn/Show.aspx? CI = 30。我们统计的次数是根据基金委在其网站发布的"通知公告"中列出的国际合作项目通知个数，其中与合作国家或国际机构的每次合作会包括多个项目。

于与北美洲、欧洲和亚洲的科技强国合作①。世界知识产权组织从另一个角度也表明了这个特点,在该组织 2017 年和 2019 年发布的《全球创新指数》(the Global Innovation Index)中,列出了全球前 100 个创新集群,从中我们发现一个有趣的现象,即中国先后有 7 个和 19 个集群入围,其中的北京和上海是中国学术机构最集中的两个地区,它们最大的外部研发合作者均是美国,以至于中美科技创新合作已成为中国与外国政府间科技创新领域最大的合作机制,对美国的科技创新合作依赖度远超其他国家。也许可以说,中国科技创新对美国的依赖近乎"一边倒"的程度。

随着中国走向与西方发达国家的合作,那些曾经的社会主义阵营中的国家也紧随其后。1980 年,匈牙利和波兰的科技界向西方开放,而保加利亚、捷克斯洛伐克和罗马尼亚的国际科技创新合作仍然以经互会国家间的合作为主②。1989 年以后,这 5 个国家与发达国家的科技合作明显增加,而与前社会主义国家间的合作明显减少(Braun,1996)。以 1990 年为标志,在这之前,俄罗斯的国际科技创新合作对象主要是苏联各加盟共和国及东欧国家;之后俄罗斯迅速转向与西欧和北美的国家合作(Wilson,2004)。这个与中国的趋势一致,它反映了落后国家为了更快地提升科技创新能力,摆脱传统、狭隘的合作关系,以期建立更广泛的国际关系,寻找更优的合作伙伴。传统社会主义国家积极推动新的国际合作,是国家发展需要、经济全球化、科技外交思潮流行和新兴经济体快速发展等因素共同作用的结果。比如,20 世纪 90 年代以来,随着科技外交思想的流行,美国、英国等国的政府和科技界日益重视以科技创新合作来改善与一些国家的外交关系;同时,随着新兴经济体的快速发展,欧美发达国家实施以科技创新合作带动本国产品出口的策略,以抢占这些国家的市场。无论是发展中国家还是发达国家都在极力突破传统的合作范围的限制,以扩展国际合作伙伴。

---

① 国家自然科学基金委员会:《2016 年度报告》第七部分"国际(地区)合作与交流",http://www.nsfc.gov.cn/nsfc/cen/ndbg/2016ndbg/07/inclex.html。

② 经互会的全称是经济互助委员会,是苏联于 1949 年 1 月组织建立的由社会主义国家组成的政治经济合作组织,总部设在莫斯科,1991 年 6 月在匈牙利宣布解散。

表1-2 中国与部分欧洲国家的政府间科技创新合作

国 家	建交时间	合作协定(协议等)内容及签署年份
苏联、俄罗斯	1949年	在两国签署政府间合作协定之前已经开始了科技交流与合作; 1954年,与苏联签署合作协定; 1958年,签署重大科研合作协定;两国科学院、高校之间加强科技合作; 1954—1959年,合作高峰期,主要合作方式是资料交流、人员交流和培训、考察和指导; 1992年,签署中俄科技合作协定; 1997年,设立科技合作分委会; 2001年,建立科技成果产业化基地; 2006年,成立中俄高技术和创新工作组; 2008年,中国成立"对俄科技合作基地联盟"; 2012年,在纳米技术和材料、生命科学、能源和节能、合理利用自然资源、信息和通信技术等科技优先发展领域开展实质性大项目合作; 2015年,签署重离子超导同步加速器框架下合作前景议定书——大科学装置建设合作; 2017年,举办首届中俄创新对话,确定《2017—2020年中俄创新合作工作计划(路线图)》
瑞典	1950年	科技交流始于20世纪70年代; 1978年,成立科技合作混委会、签订工业和科技合作协定; 自1980年起,瑞典为我国培训各类技术和管理人员约2000多人; 1981年、2004年,签订科技合作议定书; 1996年,开展交通科技领域合作; 2007年,举行中瑞科技联委会第一次会议和"中国—瑞典科技周"; 2008年,开展环境能源技术合作; 2012年,国家开发银行设立10亿欧元中瑞创新合作专项贷款,中瑞合作举办"绿色创新论坛",中瑞交通安全研究中心成立; 2018年,瑞典政府发布加强对中国创新科研合作研究报告; 截至2018年,双方科技合作已扩大到通信、环保、医药、农林、宇航等20个领域的80多个项目
芬兰	1950年	1979年、2005年,签订经济、工业和科技合作协定; 1986年,签订科技合作协定; 1999年,开展公路技术合作; 2003年,芬兰国家技术开发中心在北京设立办事处; 2005年,芬兰贸工部与上海浦东新区政府在张江科技园区设立"芬华创新中心"; 2009年,开展高科技领域合作; 2011年,开展纳米创新中心合作;

国 家	建交时间	合作协定(协议等)内容及签署年份
芬兰	1950 年	2012 年,在苏州工业园设立中芬纳米创新中心; 2013 年,开展信息通信技术合作,在中关村软件园设立"芬华创新北京中心"; 2014 年,签订中芬农业发展与创新合作平台框架协议,建立创新年生态园; 2015 年,中芬共同举办"初创企业大会(SLUSH)中国 2015 国际创新创业大会"中关村同芬兰贸易协会创立规模约 3000 万至 4000 万欧元的中芬创新基金; 2017 年,成立创新合作委员会
丹麦	1950 年	1987 年,签订科技合作协定、开展建筑科技合作; 2010 年,合建科教中心; 2012 年、2014 年,开展能源领域研发与示范、建筑节能合作; 2014 年,开展绿色海事技术和船舶工业领域合作; 2017 年,中国科学院大学与丹麦哥本哈根大学等 8 所大学联合启用中国—丹麦科研教育中心
挪威	1950 年	1980 年,签订经济、工业和技术合作协定; 1995 年、2008 年,开展环境合作; 2004 年,在挪威建立北极科学考察站"黄河站"; 2007—2008 年,两国加强气候变化合作
瑞士	1950 年	1989 年,签订科技合作协定; 1995 年、2003 年、2008—2011 年,开展科技合作备忘录; 2008 年,发表科技合作联合声明,在上海设立第四个海外"科学中心",并共同实施科技战略合作计划; 2016 年,两国科学基金会签署合作备忘录; 2017 年,开展能源合作
英国	1954 年	签有科技合作协定和 20 多个科技合作对口协议或备忘录; 2013 年,开展研究创新合作,设立 2 亿英镑的联合科学创新基金; 2014 年,建立创新合作伙伴; 2017 年,举办中英科技创新合作:共塑黄金时代论坛等系列活动,签署科技创新合作备忘录,实施科技创新合作战略(与他国共同发布的第一个科技创新合作战略); 2018 年,双方正在执行的重大科合作计划和项目包括:中英科学桥计划、新能源和可再生能源计划、中英创新合作计划和英国研究理事会中国办公室; 英国是中国联合发表论文第二个最多的科研合作伙伴

国　家	建交时间	合作协定（协议等）内容及签署年份
荷兰	1954 年	1999 年,签订政府间合作协定,是最早同我国开展战略性和长期性科研合作的西方国家之一; 2001 年、2011 年,两国科技部门签署科学合作与交流谅解备忘录,合作内容涉及科技合作交流、联合研究项目合作计划等,合作领域涉及环境、新材料、新能源、医学等方面; 2012 年,签署创新合作备忘录,旨在促进两国科研机构、大学、企业间的产学研创新合作
法国	1964 年	签有科技、环境保护、和平利用核能、卫生和医学科学、研究与和平利用空间等合作协定,累计执行项目 700 多个,涉及空间利用、核能合作、人工智能、洁净煤和风能发电等领域
意大利	1970 年	是中国在欧盟内第三大技术引进来源国; 1978 年,签订政府间合作协定; 1984 年,签订空间科技合作议定书; 2008 年,签订科技合作联合声明; 2009 年,签订高技术领域合作备忘录; 2010 年,召开首届中意创新合作论坛; 2011 年,设立中意技术转移中心、中意设计创新中心; 2013 年,在佛罗伦萨和杭州揭牌成立中意纺织和新材料研发中心; 2017 年,举行第八届"中意创新合作周",签订《中国和意大利关于加强经贸、文化和科技合作的行动计划(2017 年—2020 年)》
奥地利	1971 年	截至 2018 年 4 月,中国与奥地利签订技术引进合同 2210 个,累计合同金额 61.5 亿美元; 1980 年、1994 年,签订经济、工业、技术和工艺合作协定; 1983 年、2015 年、2017 年,两国科学院签署合作协议,在量子物理特别是在空间量子通信和量子物理实验方面合作成果多; 1984 年,签订政府间科技合作协定,涉及医学、遥感、林业、新材料、环保等领域,开展了广泛的项目合作和人员交流; 1994 年、2007 年、2015 年,签订农业科技合作备忘录; 2004 年,设立资助科学联合研究奖学金; 2004 年、2018 年,开展铁路技术合作、知识产权合作; 2011 年,开展环保、水资源合作; 2013 年,开展大熊猫保护合作研究; 2018 年,深化应用研究和创新领域合作

续表

国 家	建交时间	合作协定(协议等)内容及签署年份
比利时	1971年	截至2019年1月,中国从比利时引进技术,累计合同金额达45.3亿美元,主要涉及机械、城建、纺织、汽车和邮电等领域; 1979年,签订发展经济、工业、科学和技术合作协定,至2017年年初,签订涉及农业、能源、地质、环保、生物、信息、纳米科技等领域近400个政府间合作项目; 双方企业间高科技合作非常突出:2012年,海尔集团与比利时新鲁汶大学合作建设了中国第一个海外设计实验室,2013年,武汉东湖高新技术创业中心与该大学共同建设中国第一个海外企业孵化器; 华为、中兴和大唐电信先后与比利时微电子中心(IMEC)开展合作研究; 中关村科技园在布鲁塞尔开设了欧洲第二家办事处; 2015年,比利时微电子研究中心与中国共同投资建设中国最先进集成电路研发平台
冰岛	1971年	20世纪80年代以来,集中在地热领域、北极合作; 中国是冰岛培养地热技术人员最多的国家(70多名); 2005年,开展环境保护、地震研究、开发利用咸阳地热资源合作研究; 2012年,开展海洋与极地科技合作,建立北极合作研究中心和联合观测台; 2015—2018年,开展地热技术研发合作
塞浦路斯	1971年	1984年,签订经济和科学技术合作协定; 2007年,开展农渔业领域科技合作; 2015年,签订科技创新合作协定; 2018年,召开中塞科技创新合作联委会第一次会议
德国	1972年	1978年,签订合作协定;40年(1978—2018年)来,双方形成了较为完整的政府间科技创新合作框架; 德国是欧洲对华技术转让最多的国家,截至2018年4月,中国从德国引进技术23974项,合同金额800.2亿美元; 1981年,开展农业科技合作; 1993年,开展环境与发展领域合作,签署政府间科技合作《会谈纪要》; 1997年,成立高科技对话论坛; 2000年,签署技术领域合作协定、成立中德科学促进中心; 2004年,开展东北振兴科技合作; 2006年,开展医药经济和生物技术合作; 2007年,开展环保技术合作; 2009年,启动中德科教年; 2010年,开展电动汽车领域合作; 2011年以来,合作领域涉及生命科学创新平台、建筑节能与低碳城市建设技术、半导体照明技术、交通与燃料、沼气、海洋与极地、节能与能效、农业、清洁水、创新、未来城市、外层空间、可持续发展、智能制造、中国制造2025创新中心

续表

国　家	建交时间	合作协定(协议等)内容及签署年份
希腊	1972 年	1979 年,签订科技交流与合作协定,涉及农业、能源、地学、海洋学、生物、医学、社会学、材料和基础科学等; 2010 年,开展海事技术合作; 2014 年,签署科技型中小企业创新合作备忘录; 2016 年,签署科技创新合作谅解备忘录; 2018 年,签署科技创新合作行动计划
卢森堡	1972 年	1979 年,签订经济、工业和技术合作协定; 截至 2016 年 5 月,中国引进了 199 项技术,累计合同金额 13.29 亿美元
西班牙	1973 年	1981 年,签订文化、教育、科学合作协定; 1985 年,签订科技合作基础协定; 2007 年、2018 年,签订大熊猫合作、保护和研究协议
爱尔兰	1979 年	2000 年,签订科技合作协定; 2002 年,签订科技合作研究基金协议; 2005 年,签订两国科学基金委合作协议; 2012 年,签订科研创新合作谅解备忘录; 2014 年,中投公司与爱尔兰战略投资基金共同发起中爱科技成长基金,2018 年双方启动该基金第二期
葡萄牙	1979 年	1982 年、1993 年,签订科技合作协定; 1982 年,签订经济、工业和技术合作协定; 2012 年,开展科技创新合作; 2013 年,创设先进材料联合创新中心; 2014—2016 年,开展海洋科学领域研究与创新合作

说明:受资料限制,表中各国与中国的一些科技创新合作事件可能没有罗列其中。

资料来源:根据中国外交部网站的"国家和地区——欧洲"国别资料、科技部国际合作司网站提供的资料整理,最新访问时间是 2019 年 10 月;张泽宇:《中苏科技合作委员会述论(1954—1966 年)——基于苏联解密档案的研究》,《当代中国史研究》2016 年第 6 期。

二、企业研发投资的非重点地区

企业对外投资通常有多种动机,比如寻求市场和低成本劳动力、避开贸易壁垒或者延长产品生命周期、寻求创新。凯勒(Keller,2017)在一篇文献综述中总结了几个研究者的发现,即对外直接投资有助于引进外国技术,一个主要的方式是投资者更倾向于引用其所在地区其他公司的专利。根据这个观点,从对外直接投资的地区分布和行业结构中,也能观察到跨国公司寻求国际研发资源、进行跨国合作的偏好。

在中国的对外直接投资中,亚洲国家和地区是主要的投资地,2017年对这些地方的投资存量占全部对外直接投资存量的63%;其次是拉美地区,占21.4%;对欧洲的投资虽然居第三位,但是与前两个地区相比差距甚大,只占6.1%。对欧洲的投资集中于英国、荷兰、卢森堡、俄罗斯、德国、瑞士、瑞典、法国、挪威和意大利等国家,而对中东欧国家的投资数量很少,以至于对中东欧一些国家的投资微乎其微甚至没有。

对欧洲的投资于2013年以后呈逐年下降的趋势,而对中东欧16国的投资早在2006年以后就趋于下降(见图1-2)。从国别看,到2017年,投资存量超过1亿美元的国家有6个,分别是波兰(4.1亿美元)、匈牙利(3.3亿美元)、罗马尼亚(3.1亿美元)、保加利亚(2.5亿美元)、塞尔维亚(1.7亿美元)和捷克(1.6亿美元)。对一些国家的投资存量多年来一直不变,或者说对这些国家每年新增的投资为零,比如黑山、斯洛文尼亚、爱沙尼亚、立陶宛及拉脱维亚,只是近两年(2016年和2017年)才有所改善。还有一种情况是,不但不增加对一些国家的投资,反而从这些国家撤资,比如阿尔巴尼亚、波黑、捷克、北马其顿和罗马尼亚。

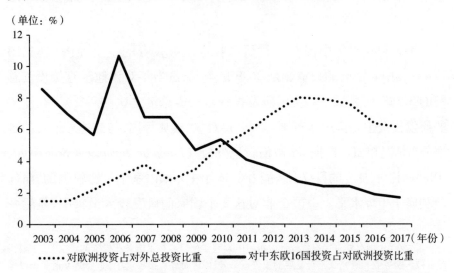

（单位：％）

2003 2004 2005 2006 2007 2008 2009 2010 2011 2012 2013 2014 2015 2016 2017（年份）

•••••• 对欧洲投资占对外总投资比重　——— 对中东欧16国投资占对欧洲投资比重

图1-2　2003—2017年中国对中东欧16国与对欧洲的直接投资存量比较

资料来源:商务部等:《中国对外直接投资统计公报》(2004—2017年),http://fec.mofcom.gov.cn/article/tjsj/tjgb/。

在中国的对外直接投资中,科学研究和技术服务业的投资规模比较小①,而且增加缓慢,投资大幅度波动,以至于占对外直接投资存量的比重直到 2016 年才超过 2007 年的占比水平,但 2017 年又显示下降趋势(见图 1-3);同时,在投资的地区之间也存在着极大的不平衡。

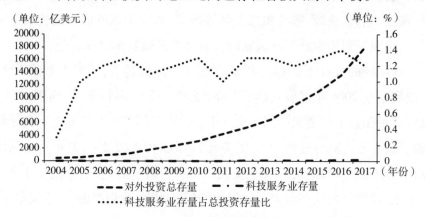

图 1-3　2004—2017 年我国科技服务对外直接投资规模

说明:①2002 年及以前年份的数据中包含地质勘查业。②左侧纵轴表示当年对外直接投资存量,右侧纵轴表示当年科技服务业存量占总投资存量之比。

资料来源:商务部等:《中国对外直接投资统计公报》(2004 — 2017 年),http://fec.mofcom.gov.cn/article/tjsj/tjgb/。

美国和欧盟是中国对外科研和技术服务投资的主要经济体(见图 1-4);其中对欧盟的投资额是 26.9 亿美元,占当年对该地区直接投资总额的 3.1%,明显低于对美国研发投资占投资总量之比(4.9%)。在欧盟的研发投资主要集中于英国、德国、卢森堡、瑞典等国,与前述总投资的国家分布情况相似。根据《欧盟创新记分板》(European Innovation Scoreboard, 2018)的评价,捷克的科技创新能力在 16 个中东欧国家中是比较强的,而匈牙利属于中等水平。中国企业对这 2 个国家的研发投入最集中,显然一

①　在《中国对外直接投资统计公报》中,对科学研究和技术服务业投资的定义是,主要为专业技术服务业和研究试验与发展的投资。另外,中国对外直接投资中,非金融类企业仍以国有企业为主,比如 2016 年对外非金融类直接投资存量为 11800.5 亿美元,国有企业占其中的 54.3%、非国有企业占 45.7%。大多数国企基本不搞研发,它们的对外投资大多不会涉及科技创新合作。参见鲁瑛、陈建刚、肖甲宏:《中央企业国际科技合作典型模式研究》,《创新科技》2016 年第 10 期。

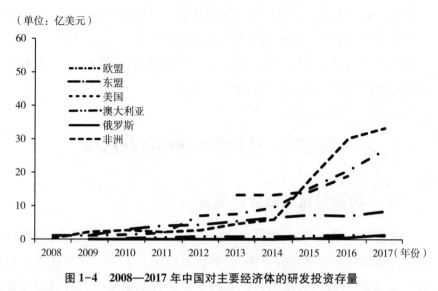

（单位：亿美元）

图 1-4 2008—2017 年中国对主要经济体的研发投资存量

资料来源：商务部等：《中国对外直接投资统计公报》(2004—2017 年)，http://fec.mofcom.gov.cn/article/tjsj/tigb/。

定有它们比较擅长且符合中国企业需要的领域,也可能与两国努力寻求合作有关。

另一个缺陷是,相对于双方活跃的政治和经贸关系,中国与中东欧国家间的科技创新合作一直在政府间单一的协定框架内稳定地进行;相对于欧盟、德国、英国等积极布局,中国与中东欧国家合作的领域和深度都不足。

三、人文社科领域合作不足

相对于双方的科技创新合作,人文社科领域的合作研发明显不足。人文社科领域的合作大多数还处于交流、促进旅游及合作出版等活动,如何在这些交流基础上,深化和扩展人文社科的研究领域是需要进一步开发的问题。推动人文社科领域合作研发的重要性是不言而喻的,一个国家是由自然环境和人文环境(人类自身环境)构建而成的,科学研究或技术开发通常涉及的是自然环境和工程,人文社会科学研究的是人类自身,缺少对后者的研究也会使前者没有了基础,这正是国家间外交关系的变化影响科技创新合作的原因。人文社科领域的合作研究可以更深刻地把握对方国家的人、集团和社会的特征,从而为国家关系及科技创新合作提供机遇和决策依据。我们需要从科技创新合作向人文社会科学延伸,包括两个含义:一个是要重视人文社会科学领域的合作研究;另一个是要挖掘科技创新合作中人文社会科学的意义。

第四节　垂直合作转向互补合作

一、国际科技创新合作偏好

通常有三种形式的政府间科技创新合作:一种是垂直合作,即研发创新能力相差较大者之间的合作,比如后发国家为了学习和引进先进技术与领先国家的合作,并试图在此基础上提升自主创新能力并赶超领先国家;一种是水平合作,即研发创新能力接近者之间的合作,它们以能力互补的方式解决某些科技创新问题;再一种是混合型合作,即垂直型合作与水平型合作并存。随着落后国家科技创新能力的进步,合作会从垂直型走上水平型。无论哪一种形式的政府间科技创新合作,都会受到一国外交政策的制约。国际科技创新合作与外交政策有以下关系:国际合作执行并服务于外交政策,外交政策既创造合作条件又约束合作行为。因此,在一个既定的外交国家数量范围内,该国总是偏好于选择与科技创新能力最强的国家合作;当该国的外交国家数量由少增多时,合作的重点对象也会转移到更强的国家。这便是国际科技创新合作中的"外交—能力偏好"科技创新合作模型(见图1-5)。

我们假设,两国之间有邦交就有政府间科技创新合作,但是各合作国的科技创新能力有高有低,根据科技创新合作中的能力优先原则,一国的政府、研发机构或企业总是倾向于与科技创新能力最强的外国机构合作。

图1-5展示了这样几种组合:在一个国家只有一个邦交国的条件下,要么没有国际科技创新合作,要么只有一个选择;在有两个及以上邦交国的条件下(有限邦交),该国倾向于与科技创新能力最强国家合作并且合作频率最高(A);当该国的邦交国数量趋于增加时(广域邦交),科

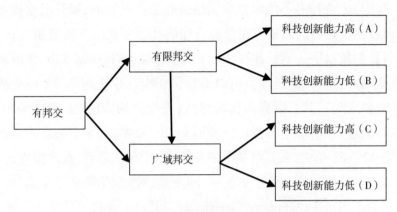

图1-5 "外交—能力偏好"科技创新合作模型

技创新能力最强的国家有时会发生转移（C>A），那么该国合作频率最高的国家也会发生转移。同时，在广域邦交条件下，虽然有些国家的科技能力较低，但也高于有限邦交条件下的低能力国家（D>B），这时该国也会增加与D的合作。

作为一个后发国家，长期以来，中国的国际科技创新合作总是表现为垂直型合作，并且随着外交关系的变化，合作的主要对象也发生了显著的变化。这个变化过程有四个明显的阶段性特征：新中国成立初期，主要与苏联和东欧国家合作；20世纪60年代上半期，主要以民间交流合作形式向欧洲、美国和日本等发达国家学习，到"文化大革命"期间国际合作交流近乎全部中断；中美建交后，构建了以美国为中心、以发达国家为主的遍及全球的合作网络，这个网络稳定了大约40年；2018年以来进入重构阶段，面对国际政治和经贸关系的变化，中国政府在全球合作网络中既注重维持传统的合作关系又重点推动与若干国家集群的合作，比如在金砖国家合作中包括科技创新合作、新启动的"中国—中东欧国家科技创新伙伴计划"就是事例。在这个合作变迁的过程中，中东欧16国在中国的国际合作网络中经历了一个有趣的变化：主要的合作者→边缘化→再度重视。为什么中东欧国家一直处于非中心地位并有这样一个变化？

除了上文提及的双方外交关系的变化外，还有一个重要的原因就是，在中国既定的外交范围内，这些国家的科技创新能力并不是最强的（见

表4-3),与之合作并不能满足中国快速弥补产业缺陷、提升产业技术水平和科技创新能力的渴望。在曾经合作的社会主义国家阵营里,这些国家的科技创新水平远不如苏联。今天从全球层面看,中东欧16个国家中有12个国家的科技创新能力可以看作位于全球中上等水平(居全球第21—50位之间),其余国家均比较落后(在全球第50位之后)(Soumitra等,2019);在《世界竞争力报告》(Schwab,2019)中,有8个国家的创新能力在第29—50位之间,其余8个国家均在第50位之后;在欧盟内部,这些国家的科技创新能力属于垫底的,即使是最强的斯洛文尼亚也没有达到欧盟的平均水平(European Commission,2018)。在过去的几十年里,中东欧16个国家中一些国家的科技创新能力下降了、一些国家变化不大、一些国家缓慢上升;与此同时,中国的综合科技创新能力迅速提高并且赶超了它们。正如《全球创新指数》(Soumitra等,2018)指出的,中国的科技创新在投入和产出方面,与许多其他国家相比,拥有绝对的、不成比例的优势。相对于这些国家,在研发总支出、全球性研发公司、商业企业的研发支出、专利申请量(包括PCT专利申请量)、QS领先大学的质量、物流能力、风险资本、市场规模以及产业体系的完备程度及其集群发展等方面,中国都具有显著的优势。在这个能力水平上,中国的研发机构和企业更愿意寻求比本国能力更强的国家合作。很明显,中国与中东欧国家的科技创新合作从过去的垂直型走到了今天的混合型,且居于领先地位。

必须强调的是,中国的科技创新能力整体上超越这些国家,最主要的是得益于规模优势,并非在所有领域都优于对方;中东欧16国虽然相对于中国落后了,但是在细分领域里一些国家依然保持着既有的或传统的优势。中东欧16国相比于中国来说都是小国,科技创新投入上不会像中国这样的大国可以面面俱到,而是把有限的资源投入到维持、强化或者培育若干优势领域上。比如,这些国家的高等教育水平、按占人口比例计算的研究人员数、信息和通信技术(ICTs)普及率、获得信贷容易程度以及来自海外的研发投入等方面都明显优于中国。斯洛文尼亚、塞尔维亚、爱沙尼亚、克罗地亚和捷克每年发表的国际科技论文占比高于中国,匈牙利每年的知识产权收入高于中国,爱沙尼亚和立陶宛基于信息和通信技术的商业与组织模式创造能力更强,还有像匈牙利、斯洛伐克、捷克和斯洛文尼亚等国的高技术制造业比中国更有优势。波兰、捷克、匈牙利和罗马尼亚的国际科技创新合作中心度仍然居于世界前40个国家之列(国家科技评估中心等,2017)。各国科技创新能力的比较优势仍然为彼此的合作提供了机会。

二、基于优势互补的合作愿景

中国加强与中东欧国家政府间的科技创新合作反映在两个合作愿景中,一个是"16+1"国家领导人会晤成果,这些成果反映在每次会晤后发布的"纲要"中,并且已经系统化为科技创新伙伴计划;另一个是中国政府的"一带一路"倡议。

(一)"一带一路"科技创新专项合作愿景

为响应"一带一路"倡议,科技部于2016年发布了《推进"一带一路"建设科技创新合作专项规划》(以下简称《专项规划》)。该规划认为,推动"一带一路"科技创新合作是中国应对世情国情变化、扩大开放、实施创新驱动发展战略的重大需求,科技创新在"一带一路"建设中能够发挥引领和支撑作用。

《专项规划》认为,实施与沿线国家合作具备的基础是:国家发展阶段相似,在发展路径的选择上容易达成共识;中国能够为沿线国家提供在先进适用技术和科技人才方面积累的经验;成为"一带一路"倡议落实的关键支撑,包括科技外交、科技新产能合作及提供工程技术保障;与沿线国家有合作基础,包括政府间合作,建立了研发、技术转移和资源共享平台,技术培训和接受青年科学家来华工作。

《专项规划》提出了5项重点任务:密切科技沟通、加强平台建设、支撑重大工程、共建科技园区及聚焦沿线国家关键共性技术。提出了12个合作重点领域:农业、能源、交通、信息通信、资源、环境、海洋、先进制造、新材料、航空航天、医药健康和防灾减灾;提出了完善5个方面的合作体制机制:政府间、企业、地方、协同创新以及民间组织;并提出了从财政、科技援助、人才、战略研究以及科技金融合作等方面给予支持。

（二）中国—中东欧国家科技创新伙伴计划

如果说上述"一带一路"科技创新专项合作规划具有一般性的话，那么以下这个计划则体现了针对性。2018年，在第七次中国—中东欧国家领导人会晤达成的《中国—中东欧国家合作索非亚纲要》中，提出："各方支持在公平基础上，加强在研究和创新领域的互利合作，启动'中国—中东欧国家科技创新伙伴计划'，定期举办中国—中东欧国家创新合作大会。各方愿在自愿基础上开展联合研究，加强科技人员交流，开展科普合作。"这个伙伴计划将开展以下方面的合作[①]：

开展中国—中东欧国家科技创新政策对话。与中东欧国家在科技创新政策制定和国家创新体系建设等方面开展交流与合作，推进科技创新政策研究合作网络建设。

定期举办中国—中东欧国家创新合作大会。每年举办一届大会，交流中国与中东欧16国科技创新领域最新情况，加深各方的了解，深化中国与中东欧16国在科研成果产业化及技术转移方面的合作。

共同建设中国—中东欧国家技术转移中心。提供中国及中东欧16国在技术转移方面的最新信息，推动各方在技术转移领域的合作和交流，使其成为中国与中东欧各国交流科技创新、转移技术信息、增进彼此了解、拉近距离的平台。

共同建设"一带一路"联合实验室。结合《专项规划》，根据中国—中东欧国家的科技合作需求和基础，选择优先领域共建联合实验室或联合研究中心，集成联合研究、科技人才交流与培养等功能，搭建中国—中东欧国家长期稳定的科技创新合作平台。

开展联合研发。围绕中国—中东欧国家科技发展需要和科技成果产业化需求，与中东欧国家磋商建立共同资助联合研发项目机制，进一步提升中国—中东欧国家科技研发合作水平，加强联合攻关能力，发挥辐射带动作用。

实施科技人文交流行动，包括中东欧国家杰出青年科学家来华工作

---

① 新华社：《中国—中东欧国家合作索非亚纲要》，《人民日报》2018年7月9日。

项目和举办科技培训班,深化民心相通,提升各国能力建设,夯实科技创新合作基础。

开展科普合作与交流活动。每年邀请中东欧各国派团参与国际科普展示活动和青少年科普交流活动等。

总之,自新中国成立之日起,中国就与中东欧国家进行了政府间科技创新合作,虽然与一些国家曾经中断、减弱或变更了合作,但在改革开放后又相继恢复、延续或扩展了合作,时至今日彼此合作的程度日益深化、范围日益拓宽、方式日趋复杂多样,给人以往日再现的憧憬。所不同的是,随着中国科技创新能力大幅度地提高,改变了以往主要向合作者学习、引进和接受援助的局面,转向了彼此优势互补、相互学习及向对方国家提供技术援助的阶段。

但是从全球范围看,合作还是弱化了,原因在于无论是中国还是中东欧 16 国,随着旧国际关系的破裂(比如社会主义国家阵营)、邦交国范围的扩大,都把主要的合作对象转向了欧美发达国家。另外,也许与趋于弱化的科技创新合作相匹配,国内的学者们对双方科技创新合作的研究也几近空白。进入 21 世纪第二个 10 年,中国与中东欧 16 国因各自发展的需要又走上了合作的道路,然而,与对经贸、外交往来等领域活跃的研究相比,对彼此科技创新合作的研究仍然没有引起应有的重视,这种状况与我国对中东欧国家的外交愿景("16+1"机制和"一带一路"倡议)显著地不相称,到了需要改变的时候了! 在面向全球全方位谋划开放创新的条件下①,中国的学者们必须认识到做好与中东欧国家科技创新合作研究的重要性。通过深化对双方科技创新合作的研究,发现合作的规律、找出合作的新机遇、分析存在的问题和提出应有的建议,以完善科技创新合作机制、合作领域、提高合作效率和效益,以更好地提升双方的科技创新能力和发挥科技创新的外交功能。

---

① 比如,中共中央、国务院发布的《国家创新驱动发展战略纲要》(2016 年)中提出,要全方位推进开放创新,以全球视野谋划和推动创新,最大限度用好全球创新资源,全面提升我国在全球创新格局中的位势,力争成为若干重要领域的引领者和重要规则制定的参与者。

第二章　国际科技创新合作理论

科技创新的合作与交流一直伴随着人类的诞生和成长,是推动人类社会进步的一个原动力。在人类的早期,我们的祖先为了生存经常交流采集和狩猎的技术,并且在不断的迁徙过程中,不同群落之间也进行着同样的交流与合作。大约公元前 8000 年,人类掌握了野生植物的成长规律,开始发展农业,如放牧、饲养动物和栽培植物。人类扩大资源基数能力的提高导致了根本性的经济革命(诺思,1994),从此,技术进步成为经济发展的主要动力,人类社会步入了一个崭新的纪元。

远古时期的农业技术交流是通过两个途径进行的:一个是技术的直接传播,根据卡梅伦(2012)的描述,当新月形地带①的农业出现后,农业慢慢地传播到埃及、印度、中国、西欧和东半球的其他地方;早期人类提高生产率的技术创新在欧亚大陆板块的传播最自然也最有效。另一个是贸易,当收获的食物超过了人们的需要时,贸易开始了,农业知识和技术交流的范围变得更大了。在工业革命出现前的整个农业时代,人类在陆地上的迁徙和海洋上的探险,扩大了贸易、加速了技术的交流,如中国和欧洲间的丝绸之路、欧洲人发现新大陆。但是,正如麦迪森(2003)指出的,国际贸易在西欧经济的发展中起了至关重要的作用,在亚洲或非洲的历史中却远没有那么重要。……直到 15 世纪,欧洲在很多领域中的进步都依赖于来自亚洲和阿拉伯世界的技术。

---

① 新月形地带指的是以下区域:沿地中海地区东端伸展,跨越叙利亚和伊拉克北部山脉,穿过底格里斯河和幼发拉底河边的村庄,直至波斯湾。

16 世纪及以后，现代科学在欧洲诞生并得到了快速发展，它们在欧洲内部的交流和扩散是相当迅速的，而向欧洲之外的扩散却相对有限，到 18 世纪末，欧洲技术和科学唯一有效的海外转移是在英属的北美殖民地。工业革命的出现，强化和加速了技术进步对经济增长和经济结构改变的作用；先进技术从英国或者欧洲向世界其他地区扩散，在 1770—1870 年的一个世纪里，彻底改变了世界的经济技术结构，把人类社会推进到了工业社会，至此科学才作为推动技术和社会变革的一种重要力量而崛起，这被史学家们公认为是 19 世纪的伟大革命之一（科恩，1999）。据此有经济学家（例如，库兹涅茨，1989；钱德勒，2006）把这个时期的经济增长定义为现代经济增长，并指出现代经济增长是以科学及其应用为基础的增长。

在 16 世纪（科学革命）之前的 20 个世纪里，中国的发明和发现持续地从东方向西方和其他地区（如印度、阿拉伯、非洲东海岸、印度尼西亚、大洋洲乃至美洲）传播，而且技术程度越高传播得越容易，其中就包括了西方人称之为四大发明的造纸、印刷术、火药和指南针；中国技术及其思想的传播对周边国家（民族）和欧洲的发展起到了至关重要的作用。公元前 2 世纪张骞开启的丝路贸易和公元 3 世纪后中国人开始的远洋航行，既是贸易的通道也是技术交流的通道。相比于比较丰富的技术传播，也许是由于中国人的自然哲学与西方人不同的原因，中国人特殊的科学思想没有传播出去（事实上，也没有被中国的后代人很好地继承下来）。在这期间，尽管也有西方和其他地区的科学和技术传入中国，但是它们从未影响到包括科学在内的中国文明的特征与模式。16 世纪后期，欧洲传教士把西方的科学技术带到了中国，但是直到 19 世纪，中国与全世界科学的融合一直进行得很慢，尽管如此，这时已经不容易分辨出中国思想家和观察家所作贡献的特殊风格了。①

对人类的技术和创新活动、世界科技交流及中外科技交流史的简要

---

①　这一段的分析主要参考了［英］李约瑟原著，柯林·罗南改编：《中华科学文明史》第一卷第六章"中国和欧洲之间的科学传播"、第三卷第二章"航海技术"，上海交通大学科学史系译，上海人民出版社 2014 年版。

回顾让我们看到,科技创新的合作与交流是人类的一项基本活动,推动合作交流的动力是不同个体、部落、地区或国家科技创新能力发展的差异性和不平衡性。现代科学的诞生、工业革命的出现以及科学作为工业和社会发展的一个原动力,使得这种差异性和不平衡性表现为某个(些)地区或国家率先成为世界的科技创新中心和发达国家。当该地区或国家率先实现基于科技创新的经济发展时,生产率提高和经济结构改变以及由此引发的对外贸易结构和规模的变化,必然导致科技创新的扩散和激发落后国家和地区的学习。

第一节 国际科技创新合作

一、概念辨析

国际科学研究合作、技术开发合作和创新合作是三个不同的概念,通常情况下应该分开使用,但在国内大多数的文献和政府政策中,混用为"国际科技合作",创新合作或隐含其中,或不包含在内。本书把科学研究合作、技术开发合作和创新合作三个概念放在一起使用,简称"科技创新合作",但在分析中不论是隐含还是明确,都是把三个概念区别开来的。首先三个概念的内涵不同,三者也并不全是即时的线性关系,历史地看三者出现的时期也不同。科学研究致力于形成理论知识,是获得对自然的认识和理解,是基础研究的一个方面;由于科学研究或基础研究不考虑可能的效用,通常由政府来支持,由大学和科研院所承担这个任务,一些有实力的企业也投资部分基础研究。技术开发属于应用研究,考虑了一定的商业或技术目标,有时应用研究与基础研究之间的界限并不清晰,比如在商业应用前(竞争前)的共性技术开发就是如此,所以对于应用研究,政府和企业都会支持。创新的主体多是企业,这是一种追求商业利润的行为,要考虑成本和市场需求等因素。根据熊彼特的定义,创新这个概念不仅仅需要科学和技术知识,或者需要新技术开发,而且还包含诸如企业寻找新市场、采取新的营销方式以及组织变革等活动。在国际科技创新合作中,科学研究、技术开发和创新既有独立进行的,也有两者或三者结合在一起的。也许由于这些原因,科学技术国际合作虽有多重目标,但通常情况下隐含在全球公共品的话语里,而创新常常归于私人部门。

对"合作"与"交流"这两个概念的使用,有时是相互代替,有时同时使用,有时则截然分开。在一些国家的国际合作政策中,把科技合作限于基础研究、应用研究以及技术开发转让,而把科技交流限于科技情报或科技信息的交换,比如互访、参观、技术培训、会议及咨询等。在分析中,我们把合作与交流分开使用,合作是指合作者之间建立起真正的伙伴关系,共同开展科学研究、技术开发和创新。尽管合作中必然包含着交流活动,但是在单独的交流活动中必然不包含合作,交流活动有时是合作的延续,有时也可能诱发合作。

科技创新国际合作与科技创新全球化也是两个不同的概念,科技创新的国际合作是一种追求全球化的活动,但是科技创新全球化并不全是合作,因为任何国际合作中都至少有一个外国的机构或个人,并且合作各方有基于规则的知识转移或共享。一个国家的研发机构或企业在其他国家设立科研机构,独立投资并雇佣当地科技专家从事研发,这种情况不是国际合作,但却是全球化的一种方式。另外,一国的科技创新全球化也并非全是"走出去",也包括"引进来",比如鼓励外国的科技创新机构、跨国公司在本国设立研发创新机构,或者与本国的研发创新机构合作,或者引进外国的科技专家来本国工作。

国际科技创新合作与国际贸易的关系。这是两种不同性质的跨国活动,但二者具有相互促进的作用。一方面是科技创新合作促进了贸易,拥有科技创新比较优势或者领先优势的国家,常常拥有国际竞争力,通过国际科技创新合作能够输出技术标准,带动产品和服务的出口以及促进产能合作。那些没有比较优势或领先优势的国家在国际合作中学习和掌握了领先国家的技术或标准,或者与领先国家共同开发技术或制定标准,有助于提升本国的产品和服务质量以及增加出口贸易。本章开头的历史分析揭示,国际贸易不仅能够传播、交流异国的科技创新知识,也能够诱致跨国科技创新合作。另一方面是国际科技创新合作本身可被看作是一种服务贸易,服务贸易的形式表现为跨境支付、境外消费、商业存在和自然人流动,国际科技创新合作中的跨境咨询、研发合作、科技人员交往、资料交换、技术购买以及跨国公司设立研发中心都是服务贸易的表现形式。

国际科技创新合作与国际技术援助也是两种不同的国际活动。国际科技创新合作是合作方共同解决某一(些)科学研究、技术开发和创新问题,在合作中隐含或显明地遵循合作规则(如交换、共享等)。国际援助必须满足两个标准:必须以促进经济增长和福利改善作为主要目标,必须以赠予或补贴贷款的形式提供(波金斯等,2013),技术援助是其中一种形式。国际技术援助是技术领先国家或多边机构无偿地或以优惠贷款条件,向技术落后国家提供知识或技术帮助,比如技能培训、技术资料提供、援建以及经济和社会技术转让等等,通常属于经济合作的范畴。也有一些援助性质的科技创新合作,以帮助落后国家建立科技创新能力或解决它们发展中的问题。在某些条件下,国际科技创新合作与技术援助是实现相同动机的两种不同方式,比如外交政策目标和政治关系、建立商业联系、提高收入水平和减少贫困等。

国际科技创新合作与自主创新。在国内,自主创新中的"创新"一词是一个非常宽泛的概念,可理解为凡是有新知识出现就可称之为创新,包括科学新发现、技术新发明或企业的新产品和新工艺。自主创新是相对于拿来主义创新而言的,拿来主义创新奉行的是学习、引进和模仿外国的科技创新成果,或者说国外有现成的且相对于本国又是先进的或本国没有的,拿来用就行了。拿来主义创新是科技创新落后者提升能力的一种捷径,但赶超不了领先国家,因为拿来主义创新就是一种跟踪创新的思想。自主创新是以自我为主的创新,科学研究、技术开发和创新成果要么完全是自己智慧的体现,要么以自己的智慧占主导。在国际科技创新合作中,如果抱着拿来主义思想,合作就是一种学习、引进和模仿的手段;如果贯彻自主创新的思想,合作就成为提升自主创新能力的一个手段。常有学者认为,自主创新技术就是自己拥有知识产权。事实上,对于科技创新活动来说,拥有知识产权①是次要的,首要的是"优先权"。优先权是对科学研究、技术开发和创新活动中"第一人"的认可,赋予"第一人"的知识产权是对其获得经济利益和法律上的承认。但是,赋予"第一人"的知识产权并非都能获利,比如基础科学知识(包括科学发现和竞争前技术开发)具有公共品属性,它的使用是非竞争性和非排他性的。对竞争性的创新成果赋予知识产权,表明它是排他的、可以交易的。

本章开头的分析揭示了,在近代以前的漫长历史岁月里,中国的科技创新活动一直是独立进行的,可谓是绝对的自主创新,并拥有世界领先的技术能力和独立的科学体系。近代以来,中国的科技创新全面地落后于西方国家,便进入了以学习、引进和模仿为主的时期,也是一个受制于人的时期。正是在这个背景下,才有了自主创新的渴求。

二、国际科技创新合作模型

什么是国际科技创新合作? 合作是以获得预期目标、以合作者的共同意志为基础、以规则(机制)为约束的一种活动。合作看作是一种异质性统一的活动,异质性是天然存在的,由异质性走上同质性并非易事。

国际科技创新合作是一种跨国的以获取科学、技术和创新的知识为目的的合作,包括新知识(自然的知识、技术的知识及创新的知识)的发现或已有知识的转移。组织或个人寻求合作必然是为了探索共同感兴趣的科技创新问题或者弥补某种(些)劣势,比如在发达国家与发展中国家的垂直型合作中,发达国家有时是为了利用发展中国家优质且廉价的科技创新资源(如科技专家、高校毕业生),或者是为了获得对方某种(些)独特资源的知识(如海洋、高原和气候等自然资源)。如同在下文指出的,就像任何合作都含有交往一样,任何形式的跨国科技创新合作也都含有外交的功能,比如推动双边或多边关系的改善,或者促进科技创新合作。

---

① 知识产权是一个法学和经济学概念。产权可以交换,购买来的专利或设备虽然所有权归于自己,但初始来源(第一人)不是自己。

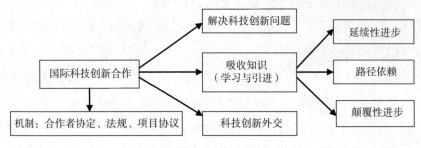

图 2-1   国际科技创新合作模型

图 2-1 反映了上述国际科技创新合作的定义,合作被赋予三种功能:解决科技创新问题、吸收知识(学习与引进)和科技创新外交。单就知识吸收而言,从国家层面看,在发展中国家以吸收发达国家先进知识为目的的合作中,在合作结束后,发展中国家通常有三个科技创新进步的路径:以合作成果为基础,凭借自主的力量进行渐进的科技创新进步;继续与发达国家合作以获得进步,这时便产生了路径依赖;发展中国家凭借自主的力量获得颠覆性的进步,从而超越发达国家。

国际科技创新合作的机制或规则基础。国际科技创新合作是建立在合作各方共同意志的基础上,这个基础的牢固程度及其可持续性依赖于合意的合作机制。从这个意义上讲,合作被定义为一组关系(多尔蒂等,2003)。这组关系中的合作机制是围绕一个既定的科技创新问题使合作各方预期趋于一致的原则、规范、规则和决策程序,原则是关于事实、因果关系和公正的信仰,规范是根据权利和义务方式确立的行为标准,规则是指导行为的特别规定(包括什么可做、什么不可做),决策程序是指制定和执行集体选择的主导实践活动。合作机制的本质是一组制度结构,来自不同背景的合作成员据此寻求问题的解决,并达到一致预期,此为同质化的一个方面。合作机制的这些制度由相关国际法、国内法和依据具体合作内容达成的协议构成,各国政府、研发机构或跨国公司设有专门的机构以管理这项国际活动。因此,合作机制一旦建立,它所规定的各合作方的权力结构的本质差异不仅决定了不同的合作成果,而且决定了合作成果的分配结构(比如归谁所有或分享方式)。

第二节　国际科技创新合作动力

政府、研发机构或企业界的跨国合作是基于他们解决科技问题的兴趣,企业是为了获得新的利润来源,政府实施国际合作可能基于共同兴趣、获得国家发展的力量、改善国际关系以及承担国际责任等方面的原因。

一、科技创新活动特性

先天的无国界性质。特赖菲尔(2015)在谈到科学的国际化时认为,自然是普遍的,对自然的研究也具有普遍性,现代科学的先驱们出现在世界的各个地方。在古代科技史中,对相同的自然现象,中国的科学家与西方、印度或阿拉伯的科学家有着相同或不同的解释。当16世纪西欧的现代科学真正出现后,很快蔓延到世界其他地区。这看起来是再自然不过的事情,面对没有边界的大自然,任何一个国家的科学爱好者都可能对同一个科学问题产生兴趣,进而产生交流的需要。随着交通、通信日益发达,国际科技创新合作与交流也日益频繁、广泛和深化。当科学活动国家化之后,无国界的科学活动表现为国家组织的和科学家组织的。技术开发与创新也表现出与科学活动同样的特征。

科技创新的复杂性。自现代科学诞生以来,科学、技术和创新的发展是一个日益复杂的过程,提出的科技创新问题及用于解决问题的设备也日益复杂。巨额的科技创新投入,超过了大多数国家的财政能力,寻求国际合作、分担成本及共享资源便是一个有效的解决方案。

互补性优势。国际科技创新合作的一个基本特征是优势互补。从宏观上看,一个国家会由于某种或者某些原因(如独有的资源禀赋、天才科学家、国家差异和国家政策等),在某个或者某些科学、技术或创新领域形成自己的独特优势和领先优势,或者说任何一个国家都不会在所有科技或创新领域拥有绝对的领先优势,而不具备这些独特或领先优势国家的政府、科学家和企业家会寻求与这个国家合作;从微观上看,不同的研发机构和企业通常在某一(些)科技或创新领域拥有明显的比较优势。因此,从国际贸易比较优势理论的角度看,国际科技创新合作应当是一种常态性的、对合作各方都有利的活动。更何况国际科技创新合作还被赋予了地缘政治关系的意义,即使是科技创新极其发达的国家和地区,如美国、德国、日本及欧盟等都在积极地从事跨国合作。

二、科技创新对经济增长作用

现代经济增长是以科学技术为基础的增长,在所有解释企业、产业乃至一般经济增长机制的分析中,科技创新都处于中心地位。不论是发达国家还是发展中国家,吸收外部科技创新成果都是获得经济发展动力的一个路径,所以大多数国家都乐意从事国际科技创新合作。从创新经济学的角度看,创新是对知识和经验的新组合,与外部联系越广泛,与世界交往越深入,获得的知识和经验就越多,创新精神和创意也就越丰富,创新在经济发展中的作用就越大。当一个国家处于封闭状态时,难以获得外部科技创新成果,人们所具有的潜在创新思想和企业家精神必将因受到限制而趋于枯竭,科技创新在经济发展中的作用不会达到最大化。

三、国际合作与外交相辅相成

国际科技创新合作虽是为了获得知识,但任何形式的跨国合作都含有外交的功能,政府间合作尤其如此。科技外交施展的是一国的软实力,这种合作容易被接受,并在合作中深化或改善对合作者的认识,即使是政治上处于敌对的国家之间也是如此。不过,即使一国的科技创新能力比较弱,如果运用得当,同样也能用作推动国际关系改善的一种巧实力,比如两国间的民间科技交流或合作。必须强调的是,外交的手段多种多样,科技创新外交只是其中之一,或者说它是有边界的,会受到多种因素的制约,超出了发挥作用的边界会适得其反。

英国皇家学会(the Royal Society,2010)认为,国际科技创新合作与外交具有以下三重关系:通过科学咨询,为国家外交政策提供信息;促进国际科技合作,即为了科技的外交;利用科技合作改善国家关系,即为了外交的科技。这三重关系表明跨国科技创新合作和外交虽是两种不同的活动,但彼此具有相互包含的关系,即外交中含有科技创新合作的因素,国际科技创新合作含有外交因素,积极主动的科技外交能展示或培养一个国家的软实力和巧实力,改善或巩固国际关系。虽然跨国科技创新合作具有一种自然的外交性质,但并不是每个国家的政府或科技创新专家都能够同时认识到或使用上述三重关系的。比如直到 20 世纪 90 年代末,美国政府才提出从"为外交服务的科学技术"转向"为科学技术服务的外交"政策,把国际科技合作视为国家科技活动总目标的一部分(课题组,2009)。

四、承担国家责任

从发展经济学的角度看,作为国际社会的一个成员,一个国家是应当承担国家责任的,把本国的发展问题解决好是承担国际责任的一部分,此外还要承担发展好本国以外的国际责任,即发展水平较高的国家应当尽一份责任帮助落后国家提高发展能力和水平,建立发展中国家的科技创新能力是其中的一项要求。因此,这里使用的"国家责任"一词区别于国际法中的使用,比如落实联合国 2030 议程、中国的"一带一路"倡议。一国承担国家责任需要具备以下条件:该国有能力承担与之匹配的责任,双边或多边要有共同意愿,符合共同遵守的国际规则(包括完善现有规则)。科技创新能力强的国家是有条件帮助落后国家或是解决国际社会面临的共同问题的。

以解决全球性贫困问题为例。各国的经济学家都有责任研究贫困问题和提出解决对策的责任。不仅仅是贫困,还有许多科学的、技术的和社会的问题是如此的复杂多样且具有全球性,比如气候变化、自然灾害、重大疾病、贫富差距、贫穷国家的发展以及难民,以至于其中的任何一个问题都需要跨国界的科学研究和技术开发的共同努力。

第三节　国际合作的主体与形式

一国的政府(中央政府和地方政府)、研发机构(高校和科研机构)、企业、民间组织和个人都可能是合作的推动者和实施者。在一国正常且全面的国际关系中,不同主体和形式的合作可能是同时存在的。当两国之间没有外交关系甚至存在敌对关系时,任何形式的合作可能都不会存在,或者只存在有限的民间合作或交流。

合作的主体及形式可从不同的视角给予划分,比如,有政府间合作与民间合作之分。政府间合作是两国或多国政府机构之间的合作,或者由代表政府的某种机构间的合作,或者是一国政府与国际组织间的合作;企业、研发机构、民间组织乃至个人等,也常常自愿地从事国际合作,这通常被看作是民间交流的一种方式。民间合作的目的也是多种多样,比如跨国公司的合作是为了开辟新市场、提高国际市场占有率,研发机构间的合作能够开阔国际视野、把握国际科技创新趋势以及提升组织或个人的国际威望,其中任何组织或个人寻求合作也可能有国际援助的内容。

从合作者科技创新能力强弱的角度看,有三种基本的形式:一种是水平合作,即研发创新能力接近者(包括政府、研发机构或企业)之间的合作,也可称作竞争型合作,其中含有互补的性质;另一种是垂直合作,即研发创新能力相差较大者之间的合作,比如发达国家和发展中国家的合作,既含有学习性质也含有互补性质或援助性质;再一种是混合型的,即同时进行水平合作与垂直合作或互补型合作。从组织的性质来划分,则有研发机构之间的合作、企业之间的合作以及研发机构与企业之间的合作。从合作内容看,有科学研究合作、技术开发合作和创新合作,或者包含任何两种或三种内容的混合合作。从合作者的国别看,有双边和多边合作之分。

一、政府间科技创新合作

在政府间科技创新合作中,国家利益追求决定了采取的合作内容、方式和成效。竞争型或互补型合作涉及在前沿和新兴科技创新领域或在国家确定的重点科技创新领域与水平接近的国家合作;垂直型或援助型合作是科技创新能力领先国家针对落后国家提供技术帮助,或者向这些国家委托一些研发项目以利用这些国家的优质科技创新资源,开发落后国家的市场、增加出口或提高跨国公司的市场进入能力也是援助型合作的一个目的。科技创新能力落后国家也像发达国家一样追求国际合作，但这种合作更多的是学习型合作，包括学习和引进国外技术资料、引进科研仪器或生产设备以及培养人才，以提高自己的能力和追赶领先国家的能力。政府牵头实施的合作，由两国或多国政府就某些议题签订合作协议或协定，由相关政府部门（如科技部等）推动和监督执行，并由政府部门选定或指定的机构（比如大学、科研院所和企业）具体牵头实施。

表 2-1　政府推动的国际科技创新合作

目　标	种　类	主　体	形　式
创造新知识、开发新技术和新产品利用和获得国外研发资源分担研发成本特定的任务建立、改善或强化外交关系开拓国际市场	竞争型合作互补型合作学习型合作援助型合作	国家专职管理部门政府研发机构高等院校科研院所民间组织企业个人	合作研发：多边和双边，占国拨经费的绝大部分交流：会议、互访、咨询、技术转让等等，占较少的国拨经费

资料来源：［美］拉吉尼施・纳如拉、安东尼罗・赞菲：《创新全球化：跨国企业的作用》，载［挪威］詹・法格博格、［美］戴维・莫利、理查德・纳尔逊主编：《牛津创新手册》，柳卸林、郑刚、蔺雷、李纪珍译，知识产权出版社 2009 年版；国际科技合作政策与战略研究课题组编著：《国际科技合作政策与战略》，科学出版社 2009 年版。

在一个复杂多样的世界里，每一个国家都有其独特的知识和资源，从而拥有某种程度或某方面的合作优势；与其他国家合作，不论是发达国家还是发展中国家，都会获得不同的科技创新启迪、机遇和收益。20 世纪90 年代以来，国际科技创新合作步伐之所以加快的原因之一就是政府的政治价值观的改变，即曾经实行计划经济或进口替代发展战略的国家和地区转向改革开放（Soumitra 等，2016）。然而与此观点相反的是，21 世纪 20 年代的事实表明，在民粹主义和逆全球化浪潮下，曾经实行开放合作的发达国家（如美国、欧盟）转向了收缩。其特征是禁止科技创新能力快速提升的发展中国家（现实的竞争对手）的企业并购本国的科技企业、研发机构或科技专家与本国的合作，同时这些发达国家却不限制本国企业的对外合作,以达到既能遏制发展中国家的科技创新能力进步和产业发展,又扩大本国的全球利益和维持竞争力。

(一)获取国际收益

一国政府推动国际科技创新合作首先考虑的是国家利益,比如获得所需要的先进的或特定的知识、人才和资源,保持或者获取本国科技创新的国际领先地位,掌握国际关系主动权以及促进经济发展。联合国教科文组织(United Nations Educational, Scientific and Cultural Organization, 2015)认为:"所有政府都希望能吸引到外国研发中心和熟练的职业人才(科学家、工程师、医生),但很少有政府去讨论如何建立促进双向跨境流动的相关框架。"虽然政府的出发点是如此,但在国际合作中资源和知识是双向或多向流动的,否则就不是合作了。

保持或获取国际领先地位。通常的做法:一是"引进来",包括在本国设立范围广泛的国际合作计划和研发机构,吸引和利用国外杰出人才(包括优秀大学生、科学家和最具活力的创新企业),同时遏制本土人才外流,以促进本国重点科技创新领域的进展。二是"走出去",鼓励本国研发机构、企业和个人参与国外和国际组织的合作项目,掌握国际科技创新前沿,培养具有国际化视野和领导力的科学家、技术专家和企业家;支持企业在国外设立研发中心,支持研发机构在国外设立独立、双边或多边联合研发机构,在政府的驻外机构(比如大使馆、领事馆)设立科技创新部门,搜集所在地的相关信息,宣传本国的科技计划和成就。针对不同国家(发达国家、新兴国家和落后国家)设计不同的合作目标。

掌握国际关系主动权。如前所述,国际科技创新合作是与外交联系在一起的,既能改善双、多边关系,也能恶化双、多边关系。通过双边或多边有针对性的科技创新合作项目,比如解决全球性问题或者解决某个国家或地区的特定问题,能够为外交提供必要的信息支持,而且合作的范围越广泛、程度越深化,获得的信息越多、越全面、越深刻,越能做出正确的外交决策,从而掌握国际关系的主动权,达到建立、改善或强化双边、多边关系的目的,甚至预警双边或多边关系潜在的风险,这一点常常被人忽视。同样,当利用这些知识粗暴地干预别国事务或企图遏制对方科技创新能力提高时,则会恶化双、多边关系。

开拓国际市场。以科技创新合作带动国际贸易是合作的一个基本功能,这是发达国家或者有某方面科技创新优势的国家常用的促进出口贸易方式,也是国家科技创新政策商业化特征在国际合作中的体现,几乎是所有政府都热衷追求的。一国出口产品或服务的附加值大小是由该国的技术创新能力决定的,创新能力越强,产品或服务的异质性越大,附加值就越高,国际竞争力也越强。科技创新能力落后国家出口的多是原材料、低附加值的产品和服务,出口规模虽大但收益率很低。国际科技创新合作能够更准确地把握出口目的地的消费者偏好、资源特征,开发针对性的产品、服务或营销模式,带动出口增加和获得原材料。在这个过程中必然强化企业和研发机构的国际化创新能力,保证或提升技术、产品和服务的国际竞争力和领先地位,也容易使本国成为有国际吸引力的研发和创新中心。

除了通过合作开发新产品或服务带动出口贸易外,还可通过其他合作方式达到同样的目的,比如在国外设立科技园区、技术开发区、新技术产品孵化机构、本国创新型企业设立国外分支机构、设立技术转移中心、技术和生产许可或者对国外类似机构以技术入股等等。

(二)合作成效与制度保障

合作成效取决于吸收能力。从合作中吸收对方的优势知识是每个进行国际科技创新的合作者取得科技创新进步必须具备的一项能力,并为进一步的知识进步提供了基础。吸收能力是指一国的合作者根据自己的需要选择国外合作伙伴、在合作中吸收消化知识的能力;进步能力是指在吸收能力基础上,提高自主科技创新的能力。吸收—进步能力理论包含的吸收和进步两个环节虽然是必然连在一起的,但是因吸收而提高的能力只是进步能力提高的必要条件,而非充分条件。就合作本身而言,实现了吸收能力并根据合作协议分享了知识就完成了合作的任务、达到了合作的目的。能否在此基础上取得进一步的科技创新成绩,则取决于该国研发机构和企业的意愿。这个意愿来自研发机构和企业的价值观或者是否受到外部激励(比如政府要求和市场竞争等)。如果研发机构和企业没有意愿在合作成果基础上进行自主科技创新,那么要想取得新的科技创新进步,则需要继续寻求外国合作者。在外部激励的条件下,吸收能力提高的程度决定了后续科技创新能力进步的自主程度,有时在国际合作中,吸收方并非真正想吸收或者没有能力吸收对方的知识(只想着学习和引进使用)。

研发机构和企业在合作项目结束后,要在吸收能力基础上继续其科技创新活动,有三条路径可供选择①:第一条是延续性路径,即在既定的科技创新领域里,凭借在合作中吸收的知识和培养的能力,自主地继续投入科学、技术或创新资源,以期获得进一步的成果。在这个过程中有可能取得突破性的成就,从而超越曾经的合作方。第二条是路径依赖,即没有意愿在合作成果的基础上自主地从事科技创新活动,更乐意亦步亦趋地跟随已有的或新的合作者,这种路径必然出现循环学习和引进合作方的科技创新成果;在国内与国外仍有差距的条件下,这种选择总是存在的。需要注意的是,落后国家在向先进国家学习和引进的过程中,通常抱着或容易形成自卑心理,有时这种心理自卑到邯郸学步、忽略甚至鄙视自己优势的程度,唯国外合作者马首是瞻,这时就养成了一种崇洋媚外的心态、一种依赖国际合作者的懒惰心态。这对本国自主的科技创新进步和产业发展是极其有害的。第三条是颠覆性路径,即虽然在合作中吸收了新知识、打下了新基础,但是在进一步的科学研究、技术开发或创新活动中,扬弃了传统的路线,开辟了新的路线。在这个过程中,获得的科学、技术或创新进步颠覆了以前合作者原有的科学思想、技术成就或创新成果,成为相应领域的领导者。这三条路径对一国经济发展的影响是不同的,从产业价值链的角度看,延续性创新和颠覆性创新能够在国内建立起支持产业发展的技术供应链,与生产环节一起构建起完备的产业体系。路径依赖创新的一个严重后果是,本国产业发展需要的技术供应链在国外,这是一种极大的产业发展风险,一旦两国关系恶化,这个供应链必将被切断。

领先者优势和落后者学习能力强弱既取决于合作者的认知能力和价

---

① 图2-1已有部分阐述。

值观,也受制于管理制度的约束。从政府角度看,尽管有上述诸多的合作目标和形式,但政府在实施合作中绝不是随意的,也不是让研发机构或科技专家随意合作的,而是建有一套国家机制以保障合作的实施能够最大限度地实现预期的目标。国家机制包括以下因素:政府部门有专职管理机构(独立的机构或者指定的政府部门,包括政府的研发机构),用以设计国家的国际科技创新合作制度框架,合作项目的立项审查、过程监督和结果评估,协调各政府部门的对外合作、对外联络和宣传;经费支持结构,确定经费的来源、因合作项目的性质给予不同的支持;知识产权保护和科技资源安全,保证资源为我所用,合作成果如知识产权为我所有或为我服务。

　　建立一套完善的国家机制既是赋能也是约束,是保证在合作中获得平等地位和获得合作利益、防止本国利益损失的必要条件,很难想象如果没有一套国家管理机制,研发机构、科技专家个人和跨国企业在国际合作中会首先考虑国家利益,一些科技创新能力落后的国家,特别是发展中国家,在国际合作中科技创新资源往往被发达国家利用,不仅是由于国家管理制度不完善,而且是由于抱着学习乃至投机的心态从事合作。有些所谓的合作实际上是接受发达国家或国际组织的委托研究,本国优质研发创新资源被别人利用。还有一些外国或国际组织与国内机构打着合作的幌子,实则是窃取或购买特定资源。尽管有时候,这也可能是落后者想通过国际合作提高自身能力必须付出的代价,但是如果没有一套完善的制度给予保证和监督,代价将会更大。

二、企业的国际合作

　　企业的科技创新全球化活动有多种形式,比如对外直接投资(FDI)、贸易、许可、交叉授权等,国际合作只是其中的一种。跨国公司追求利润最大化的本质决定了其科技创新合作是以把握科技进步趋势、获得高额市场利润或提高产品(服务)市场占有率为判断标准的,这与其他主体间的跨国合作(比如政府间合作或研发机构间合作)不同。纳如拉等(2009)基于创新国际化的三种类型分析了跨国公司在全球化创新中的作用。

表 2-2 企业创新全球化的类型

种 类	主 体	形 式
国内创新的国际拓展	寻求利润的（一国或跨国）企业和个体	出口创新产品 转让许可和专利 由内部设计和开发的产品在国外生产
全球范围的创新	跨国企业	本土与东道国的 R&D 和创新活动 已有 R&D 实验室的收购或在东道国的绿地 R&D 投资
全球技术—科学合作	大学和公共研究中心 一国和跨国企业	联合科学项目 科学交流、休假年 国际学生交流 特定创新项目的合资企业 技术信息和（或）设备交换的生产协议

资料来源：[美]拉吉尼施·纳如拉、安东尼罗·赞菲：《创新全球化：跨国企业的作用》，载[挪威]詹·法格博格、[美]戴维·莫利、理查德·纳尔逊主编：《牛津创新手册》，柳卸林、郑刚、蔺雷、李纪珍译，知识产权出版社 2009 年版。

（一）三种科技创新全球化活动

国内创新的国际扩散是跨国公司在母国的研发成果（专利）和创新成果（新产品和新流程）的国际化，表现为国际贸易（特别是高技术产品的出口比重）、跨国界专利申请（非本土居民专利申请比重）、转让、许可或交叉授权以及外包，这些都是提高技术创新全球化水平的方式和原因。

科学技术合作涉及私立和公立机构，包括本土和跨国的企业、大学和研究中心。自 20 世纪 70 年代以来，工业企业对"非内部"选择的使用增加了，包括战略性技术合作（STP）的竞争者、供应商、顾客和其他外部机构（如大学）的合作，自此全球企业间的联盟日益普遍，国际战略性技术合作的绝对值显著增长了，但占全部战略性技术合作之比减少了，这是因为企业感兴趣的合作协议从股权协议转向非股权联盟，以便以相对较快的短期方式来获得非本土知识源泉。

战略性技术合作协议在诸如新材料、生物技术和信息技术等新兴科学技术领域中最常见,且绝大多数表现为发达国家之间的水平合作,而不是发达国家与发展中国家之间的垂直合作,比如在美国、日本和欧盟等经济体之间的协议中,发达国家的企业参与了99%的协议,而垂直合作的比例从20世纪90年代以来一直维持在5%—6%。另一个表现是,20世纪90年代,尽管大多数东道国中外国子公司的R&D活动不断增加,但是跨国企业大多数的R&D和专利申请活动仍集中于母国,绝大多数跨国企业R&D投资的90%集中于美国、日本和欧盟等科技创新能力更强的发达经济体。

创新全球化既与第二次世界大战后跨国公司对外直接投资的增长有关,也与所处行业有关,在全球前100名跨国企业中,有超过1/3的企业把投资集中于诸如电子和电器设备、医药和化学等R&D密集型产业。总的来说,除上述企业外(如日本的跨国企业),多数跨国公司日益将它们的创新活动推向全球化。跨国创新活动较低但缓慢增长的程度与创新系统的复杂性、对东道国环境的嵌入性、跨国公司的内聚性需求及R&D活动所需的优良的当地基础设施和体制环境等是相关的。这些因素与管理复杂技术组合的困难加在一起,说明创新国际化不仅晚于而且慢于生产国际化。

(二)跨国公司创新全球化的理论和实证

企业跨国R&D活动有两个动机。第一个动机是资产开发型或称作以母国为基础的开发活动。企业将其R&D国际化,以改善现有资产的使用方式,即企业通过结合或适应特定国家当地的条件,拓展技术资产的用途。这个动机的理论基础是产品生命周期理论。

不过,产品生命周期理论只能解释部分企业创新全球化的动机,根据跨国公司在中国的经验,可以看到这个理论不能解释以下这个现象,即跨国公司把自己在母国开发的新技术首先在中国生产以满足当地消费者的需求,或者在中国增加研发投入或设立研发中心以加快基于本土需求的创新,这样做的原因是中国经济的快速增长和人均收入的增加,消费者对新产品和新服务的要求越来越高、更替的速度越来越快,跨国公司如果仍然遵循产品生命周期理论,难以满足当地市场的需求。[①] 可称这种创新现象为"同步创新"或"东道国领先创新"。

第二个动机是战略资产扩张活动或称作以母国为基础的扩张活动。通过在国外的 R&D 投入来改善现有的资产或获取和创造全新的技术资产。因为外国特定区域能提供企业或"本土"基地不容易得到的补充性优势,即这些资产与企业现有的资产是关联的,起到资产补充作用。战略资产扩张活动更多地把当地情景看作是能力及技术机会的来源,而非行动障碍。"竞争优势的基础不再仅处于某个国家,而是在许多国家。新的创意和产品可能在许多不同的国家产生,然后在全球范围内使用。"

这类扩张既能得到创新理论的支持也能得到创新案例的支持,表明尽管东道国经济发展水平落后以及相关科技创新设施不足,但是并非不能激发创新、并非不能成为创新之源,根据熊彼特创新理论,寻找一个新市场也是一种创新活动,这种创新活动既包括销售产品或提供服务,也包括根据当地消费者的需求开发新的产品或服务,还包括根据当地资源条件开发新产业,经济发展史上这样的历史并不鲜见,比如 18 世纪末英国殖民者凭借创新发展起了美国的棉花种植业和澳大利亚的养羊业。

资产开发型活动通常与需求驱动的创新活动有关,也与当地隐含的知识有关;资产扩张型活动的实施主要基于获取和使具有东道国特征的技术溢出内部化。从广义上说,资产开发活动代表了国内 R&D 活动的扩展,资产扩张型活动代表了向新科学问题和新技术领域的多元化发展。事实上,企业经常同时使用这两个战略,一是因为企业的技术领先地位是暂时的,可能会很快让位给竞争对手;二是因为企业为融入(东道国)区域的创新系统不得不付出高昂的固定成本。尽管跨国公司海外研发有不同的战略,如寻求市场型、寻求技术型、资产开发型和资产扩张型,但是最常用的战略是资产扩张型。在过去的 20 年里,影响 R&D 资产国际化扩

---

① 中国居民消费升级的另一个表现是大规模的海外购物。尽管中国生产的产品和服务极其丰富,乃至达到了产能过剩的地步,但是中国消费者却热衷于购买国外的产品,比如日本的、德国的、法国的和意大利的,这些国家的产品被认为是高质量、安全和高档次的象征。大规模的海外购物(包括网购、旅游购物和专兼职的海外代购)使得庞大的内需转移到了海外。

张越来越重要的因素有：研发的复杂性及费用的不断增加，对技术外包及与地理上分散且有互补性知识主体交流需求的扩展；一些产业更快的创新速度刺激了企业去寻找基于特定地域的应用机会；东道国日益增长的压力，使得跨国公司增加与当地合作伙伴交流以作为获取海外市场的重要条件。

（三）支持 R&D 集中和分散的力量

本地背景下整合研发资源的成本。对外开放不论是"引进来"还是"走出去"，实质都是把外部资源内部化。企业在一个外国的区域进行 R&D 以便得到具有当地特性的补充性资产，其实是在寻求把当地创新系统中的某些方面内部化。开发并维持与当地伙伴强有力的外部网络联系（比如与当地的研发机构或企业合作）在初始阶段费时且昂贵，但一旦发展起来后，就不是很昂贵了。在每个区域，企业都受到资源短缺及最低 R&D 活动门槛的限制，这样要维持有着"临界质量"研究者的多个机构，需要新的（所在）区域提供更优越的溢出机会，或者提供其他地方没有的并且不能用其他低廉方式获取的补充性资源。

当地技术机会和约束。相比于维持母国区域创新系统所需的低廉边际成本，为融入（东道国）区域创新系统不得不付出高昂的固定成本。但是，这些成本压力可以由其他供应方面因素的考虑而有所缓解。比如，所涉及技术的开发能从知识基础的多样性和异质性中获益，这可能来自竞争对手、与顾客互动及其他互补性技术。单个国家系统，尤其在一个小国，也许无法提供这种多元化所需要的全系列相关技术资产（一个较高发展水平的大国具有这方面的能力，比如中国）。当本地技术机会非常多时，就有可能出现资产扩张活动。获取海外机会可能要求企业发展与当地"技术领先者"的亲近关系。

企业规模和市场结构。相比于小企业，大企业有更多的资金和资源用在海外活动上，也更有可能具有消化吸收能力来建立与本土和海外科学基地的联系。也有研究者发现，企业规模与海外 R&D 之间存在非线性关系，如日本的中型企业比小型和大型企业更倾向于研发国际化。另外一种情况是，供应商的国际化也会带动其供应网络里小企业的国际化。

此外,特定的产业因素也鼓励或阻碍了创新活动在国外的区域集聚,比如产业结构的路径依赖、技术变化的快慢,对研发、生产和用户之间的关系也不相同。还有组织问题,跨国公司全球分散的研发活动需要协调特别是与总部的协调,以便使海外机构的溢出效应内部化并应用于本跨国公司的其他部分。

通过国际战略性技术合作而创新。在许多情况下,国际战略性技术合作能替代内部创新活动。关于跨国企业内部和非内部创新活动之间的互补性或替代性问题,也可以通过分析多国扩张和国际战略性技术合作之间的相互依赖性得到解决。基于交易费用理论,几项有关国际市场进入战略的研究认为:跨国企业进入新的海外市场时,多国经验能降低面临的风险。另一类文献集中于高技术产业的演化,并突出了企业间联系的重要动机,即探寻并快速利用新机会、新业务或新技术开发。从这个观点看,战略联盟为"快速创新和技术诀窍资源地理分散的环境提供了一个有吸引力的组织形式"。

创新活动的国际化受多种因素驱动,其中常见的因素是应对跨区域不同需求和市场条件差异及企业通过海外研发调整已有产品和流程以更有效地应对这些要求。然而,母国供给不足和获取当地能力的需要已成为扩大海外研发越来越重要的动机,结果是,在母国能提供的和企业的要求之间就有了日益增长的不匹配性。研发国际化也产生了重要的利益话题,包括对当地的溢出效应和母国的研发空心化。尽管如此,对企业来说,创意全球化、国际竞争与国际化生产的发展,促使研发国际化需求日益增长。

2008年源于美国的金融危机导致全球经济衰退,使得发达国家重新发现了制造业的重要性。美国政府在复兴制造业上是所有发达国家中行动最快最坚决的,包括要求在海外的制造业回归本土,并且成为从奥巴马政府到特朗普政府的一项持续性工作。在美国政府复兴制造业的战略计划中,有一个指导方针值得重视,即要在国内建立起完整的制造业供应链。美国科学技术委员会(the National Science and Technology Council,2018)认为:"与经济力量结合在一起的快速技术进步正在改变产品和服务的方式,包括构思、设计、制造、分销和支持。在 R&D 体系、产品设计、软件开发和一体化、把产品或服务交付到市场的生命周期服务活动等价值链上,制造业不再被认为是分离的。"这是美国政府和企业界在反思了制造业价值链跨国分离造成创新效率降低和竞争力减弱之后,采取的供应链回归行动。在当前逆全球化趋势和民粹主义浪潮中,制造业供应链回归是否导致跨国公司创新全球化的逆转还不能确定,因为其他主要制造业经济体如德国、日本和中国的跨国制造业没有表现出这个趋势;对其他国家的制造业对外直接投资(包括创新全球化)来说是机遇还是陷阱暂且也不能确定。

第四节　国际合作的影响因素

可以说,一个国家的各个方面几乎都会不同程度地影响着他国的合作者对自己的选择,但是潜在的合作者也不会面面俱到地评估所有的因素;不同领域的合作,潜在合作者对相关因素的考虑也是不同的。比如,两国或两国执政党的政治价值观会影响双方的合作,在新中国成立之初,我国的科技合作主要限于苏联和中东欧地区的一些社会主义国家,而与西方发达国家没有政府间合作;当中苏关系因政治价值观破裂时,科技创新合作也成为牺牲品。又如,科学研究的合作总是倾向于选择国际上该科学领域最强的科学机构和科学家,只要对方同意合作,是不在意该国其他因素的,即使该国处于战争中也在所不惜。又如,企业的跨国技术创新合作与单纯的科学研究合作或技术开发合作不同,技术创新是一种商业化行为,涉及合作者获益的多少,对合作者的要求更多也更苛刻,包括科技能力、人才结构、知识产权保护、健全的法律、政策的稳定性、居民收入水平以及基础设施等等。所以,一国拥有的优势越多,吸引外国合作者也就越多。

一、国家科技创新能力

在一国影响国际合作的所有因素中,首先被考虑的因素当属科技创新能力了。不论是水平合作还是垂直合作,这方面一直是合作者遵循的一个基本原则,在最低限度上可称之为能力对等原则,即为使合作产出高质量的成果,合作对象在科技创新能力上至少要与我国相同或相近,否则合作就达不到预期结果。当政府研发机构(或公共研发机构)过多地考虑政治因素或为了吸引研究经费,使兴趣与目标各不相同、研究能力相差悬殊的单位参加合作时,只会增加它们的负担,研究效率和研究质量都不会提高。一个理想的策略是研究机构自主寻找合作者,但是如果都采取这种办法,一些基础较差的研究单位就永远难以找到合作伙伴,科技落后的国家就要永远落后下去。所以在自由选择和政府组织之间需要进行平衡,关键是对每一项合作都要做具体分析(潘天明,1999)。

当科技创新能力领先国家(或机构)与落后国家(或机构)合作时,如果不考虑能力对等原则,那能力领先的一方往往是为了追求其他方面的利益,如发达国家获得进入发展中国家市场的优势或者获得某种独特资源或者以近似于技术援助的方式获得政治影响。但是这个时候,也不能说能力弱的一方就吃亏了,就单独的科技创新能力而言,对于那些科技创新资源贫乏、基础较差的国家来说在合作中还是可以获得较大的利益,比如获得先进的科技创新手段和经费支持、培养人才以及掌握前沿趋势等等。就像在其他部分论及的,科技创新能力落后的国家,在追求国际合作过程中,既有后发优势,也有后发劣势。如果利用好后发优势,同时注重克服后发劣势,那么落后国家就有可能获得快速且自主能力较高的科技创新进步。

二、国家经济规模

国家经济规模影响着参与国际科技创新合作的选择,在同等条件下,大国(比如人口数量多、国土面积大、产业结构丰富、经济总量大)通常拥有研发投入和技术成果产业化的规模或范围优势,而资源禀赋或人口较少的小国不拥有这样的优势。对一些规模小、财力有限的国家来说,既不可能独立地进行时间长、风险大的大型科技创新项目,也不会涉及面面俱到的科技创新领域,实施国际合作以弥补或提升本国科技创新能力和获得外部科技创新成果便是一个有效的策略。规模大的国家(比如中国、印度等)还有一个独特的现实或潜在的产业结构齐全优势,在开放竞争的条件下,大国由于人口多、消费者需求多样、地区差异大及资源禀赋结构丰富多样,很容易发展齐全的产业结构,创造一个为创新者提供丰富配套的要素或中间产品市场,这是任何一个小国都难以比肩的。

大国之间有发展水平高低之分。在这个世界上,一些国家人口虽多、土地虽广,但却是贫穷、落后的国家,它们要么成为国际科技创新合作遗忘的角落,要么是国际经济技术援助的对象。当贫穷的大国致力于提高国家发展水平时,一方面政府会积极主动地寻求国际科技创新合作,另一方面科技创新领先国家也有动力与之合作。发展水平高的大国不仅是世界上国际科技创新合作活跃的国家,也常常居于国际合作的中心地位,掌握合作的主动权。

小国也有发达和欠发达之分,科技创新能力也有强弱之分,科技创新能力强的小国,比如新加坡、以色列以及欧洲的一些小国,科技创新成果在本国受到规模化应用的限制,以国际科技合作开发国际市场、促进贸易是一个有效的选择。推进基于科技创新合作的与发展中国家的贸易更能获得这些规模优势,一方面支持发展中国家的科技创新,提升其科技创新能力、转化先进技术,发展经济、改善民生;另一方面向发展中国家出口先进技术和产品,获取贸易利益,也能在发展中国家市场提升国际竞争力。发达的小国与发达的大国之间的合作除了获得经济上的规模或范围经济收益外,还能够获得科技创新能力上的互补优势。这可以部分解释发达小国的国际贸易额占国内生产总值比较高的原因。

三、国家经济发展战略

一国的经济发展战略因国情、发展阶段和国际环境而不同,有封闭型的、有开放型的、有转型战略的。在一个开放的环境中,任何一个国家的经济发展战略都必然地包含国际化战略,比如进口替代战略或出口导向战略。

当一国政府奉行出口导向或进口替代的经济发展战略时,该国的企业倾向于从国外引进技术、寻找国际市场，在这个过程中很容易形成一种国际化的眼光、思维和行动，对国际科技创新领域的某一变化能保持敏感，也乐于进行国际合作。受企业国际化行为的影响，该国的研发机构、科技专家乃至民众也会产生国际化冲动，比如热衷于与国际同行的合作、出国交流或留学。在这样的过程中，自然能够比较清楚国外的科技创新优劣势与潮流，形成一种国际化的视野。但是，这种情况下的国际化思维和行动容易产生的一个极端是，国外的月亮比国内的圆，似乎一切都是国外的好，唯国外马首是瞻，失去自己的独创性，使后发优势变成了后发劣势。

当一国经济发展战略从出口导向转向内需导向时，如何保持这种国际化的思维和行动是很重要的。因为基于内需的经济发展要求企业家和科技创新要转向国内消费市场，可能产生脱离国际市场的倾向，长此以往难免故步自封。在这个战略转型时期出生和长大的一代，会形成一种国内化思维或国家主义的倾向，其可能的未来表现有以下几方面：关注庞大且高水平的国内市场将使企业不能积极制定符合国际市场竞争的政策，必然弱化国际应对能力；因不愿放弃国内机会，将导致科技界降低对外国同行的关注；也会导致家庭降低留学意愿，弱化对外国语言和文化的学习；随着国力和科技创新能力的增强，出于保密和维持竞争力的需要，政府也会越来越多地限制对外交往的技术领域。在所有这些情况下，会使政府、研发机构和民众养成一种自我膨胀的心理，出现对小国和弱国居高临下的大国心态；狭隘地理解基于内需的增长，如此必然导致封闭，失去因国际竞争而产生的发展动力，失去因合作而获得科技创新的灵感和机会。

因此，如何在基于内需的经济发展环境中，仍旧保持高水平的国际合作能力，已经是中国政府、科技界和企业界当下面临的一个问题。中国政府特别强调自主创新，这是必要的，但不能因此理解为关起门来搞研发，否则只能是落后。好在中国政府、科技界和企业界对此有清醒的认识，但是如何做好自主创新与国际化的平衡依然需要细心地把握。

2008 年全球金融危机后，美国政府也在积极实行转型战略。其经济或产业政策转型的特征是,趋向于从国外向国内收缩、从国际化转向国内化(进口替代战略)。自 2017 年特朗普执政美国政府以来,在美国优先原则的指导下,大幅度调整对外经济政策(比如放弃了"跨太平洋伙伴关系协定"即 TPP、与加拿大和墨西哥重新签订北美自由贸易协定、把中国定位于战略竞争对手等等),实施新的有利于美国(或者对美国来说自主可控)的全球化战略。一个主要的努力是,要在国内建立起发展先进制造业的全部供应链和价值链,并以此为基础,把产品和服务销售到全球,这是一种国家化的资产开发型战略。这种发展战略转向奉行的隐含假设是,凭借美国领先的科技优势,以前沿或新兴科技推动技术创新,发展先进制造业,继续主导全球市场。这虽然是对过去几十年来产业过度国际化(跨国公司及其对外投资)造成价值链和供应链跨国分离和竞争力下降的一种纠正,但有可能会出现一种矫枉过正的状态。在这种情况下,另一种驱动创新的战略,即需求拉动的创新战略(或资产扩张型战略)将可能因失去全球化机会而降低对增长的贡献。因为企业与研发机构遍布全球的科技创新网络很容易根据当地消费者的需求变化进行有针对性的创新,当企业的供应链和价值链收缩回国内时、当研发机构减少国际合作时,自然脱离了对国际消费变化趋势的把握、减少了对国际知识的利用。不过,美国政府、企业和研发机构回归国内也许给它们的竞争对手创造了国家化或国际合作的机会。

四、国际合作成效评估

各合作方通过合作是增强了还是减弱了合作者的科技创新能力?基于私利的合作理论认为,合作的动力或收益要超过单边行动的动力或收益(多蒂尔等,2003)。合作者总是预期能从合作中获得和弥补自身知识的不足,不论是哪一种形式的合作,科技创新能力较弱的一方总是预期能够提高自身能力。但是,受多种因素的影响,在合作结束后实际获得的成效与预期并非都是一致的。比如,某一方由于缺少国内相关法律的支持或者合作协议不周延,合作成果(如知识产权)常常被对方占有;在垂直型合作中,由于合作中能力较弱的一方有时并不真正理解能力强的一方的真实合作意图,使得在不少的合作中,能力弱者的关键资源被对方获取也浑然不知。发达国家在与发展中国家合作时,特别是与被认为是潜在竞争对手合作时,为保持自己的领先优势,倾向于基础科学领域里的合作,而在关键技术领域限制合作或不合作。即使基础科学领域,合作初始时期的落后国家,在合作了几十年后,依然落后。诸如此类的这些合作结果事实上降低了弱势一方实现国家科技创新目标的能力。如果弱势一方具有反思的勇气和汲取合作教训的智慧,在未来的合作中设计公平互利的合作机制,则会增强实现国家科技创新目标的能力。虽然有这些不足,但是不能就此否认合作各方获得的知识进步,由于分享知识能增加知识,所以在合作中总是能从对方获得某些知识,并弥补自己的不足,因而总是能增加知识和增强能力。不过,落后一方想一蹴而就或短期内超越领先国家,或者仅仅凭借国际合作赶超对方,大多数情况下只是幻想而已。自现代科学诞生以来的数个世纪里,从未有仅仅凭借合作赶超领先国家的先例。

从最直接的一事一议的层面看,因合作解决问题的不同,对合作成效的评估也不同。如果是科学或技术的合作,其成效在于是否或者在多大程度上解决了预设的科学或技术问题(假设问题得到了清晰的界定),这方面是很容易得出结论的;如果是创新合作则关注是否开发出了符合预期的新产品、新流程、新服务以及新市场等,显然对创新成效的评估要复杂得多。从一国的整体上看,在经过了一个时期的国际合作后,人们通常笼统地把国家科技创新进步的部分原因归功于国际合作,但要精确地测量合作贡献了多少则非易事,或者说几乎是不可能的。如果关注科技创新合作对预期的经济和社会问题的解决程度①,可从微观和宏观两个层面来评估合作成效的大小,从微观层面评估关注的是研发成果在使用过程中在多大程度上解决了相应的经济或社会问题,它只局限于新成果的直接或最初的成效。合作成效的宏观意义强调合作成果对国家整体的影

---

① 这是政府最关心的事情,政府常常因科技创新或其国际合作不能解决面临的经济社会问题表达不满。

响,这取决于是否具有有效的扩散机制,如果缺乏一个有效的成果扩散机制,即使最直接的成效在宏观上产生的影响往往也是微小的;卡茨(Katz,1986)指出,合作研发的社会效益取决于扩散水平(技术外部性)。如果要在更广泛的范围内评价合作的宏观经济或社会的成效则很难,有两个原因导致这种评估难以实现,首先是因为其影响的范围无法确定,其次是在某种成效中分离出合作成果的影响也是不可能的。此外,还必须考虑时间因素,有些经济或社会问题的解决不是很快就能实现的,这需要一个过程。

综上所述,科技创新的合作与交流伴随着人类的诞生与发展,从部落、城市乃至国家;当科学技术成为现代经济发展的基础和核心动力时,国际科技创新合作便成为国家和企业发展战略的构成要素。

需要是催生国际科技创新合作的动力,不论需要是来自政府、企业、研发机构还是个人;不同时期的需要激励着持续的合作。国际科技创新合作是一种跨国界的异质性合作。当一国的政府、研发机构或企业寻求跨国合作时,意味着在国内不具有单独从事这项科研开发或创新的能力(包括诸如技术、资金或市场规模等),有必要借助于外国的力量;有时一国为了提升本国的国际影响力或者国家发展能力,也会主动与其他国家合作。当国际社会面临共同的问题如气候变化、生态退化和疾病防治等,或者大型科技项目和复杂的前沿科技创新需要庞大的财政投入,单凭一国的科技创新力量或财力不能解决时,都会产生国际合作的需要。成功的科技创新合作对各合作方都是有利的,包括提高国家发展能力、改善公共健康、促进科技进步和知识扩散以及提升产业竞争力等。即使是不成功的合作,合作者至少在知识的积累上还是有收益的。

科技创新正在变得越来越全球化,但各国间的差距依然存在,同时在当今逆全球化(或者说重塑与我有利的全球化)和民粹主义浪潮似乎不可阻挡的趋势下,国际科技创新合作是否必然地减弱还不得而知。多年来,科技创新领先国家稳定地保持着对外高水平、多元化的全球合作,也是全球其他国家最集中的合作者。这些领先者不仅来自北美(如加拿大和美国)、欧洲(如德国、瑞士和英国),还来自亚洲和大洋洲(如日本、韩国、澳大利亚、新加坡和以色列），一些新兴国家也渐渐成为国际合作中的活跃者。广泛的国际科技创新合作推动了人类社会的进步，但是各国在合作中取得进步的程度有很大的差异，只有极少数的发展中国家（特别是中国）缩小了与领先者的差距，绝大多数的发展中国家与领先者依然存在较大的差距，缩小差距既需要各国自身的努力包括改善合作条件，也需要领先者参与到落后者的发展中来。

第三章 国际科技创新合作研究

伴随着中国国际科技创新合作变迁的,是学者们对这种合作的研究,本章旨在梳理中国学者关于中国国际科技创新合作的研究文献并给予评论。

第一节 中国的国际合作地位

中国在国际科技创新合作中的地位,是研究者关注的一个话题,他们用单个或综合指标(如合作论文、合作项目、合作专利或学科领域)进行衡量。所有这个话题的文献都得出了一个共同的结论:中国的国际科技创新地位提高了,其中在双边合作中的地位高于在多边合作的地位。

国家科技评估中心和科睿唯安发布的《中国国际科研合作现状报告——基于文献计量分析的视角》中(见表3-1)揭示,中国在全球科研合作中的中心度是2.8,位居前40个国家中的第七位,比2010年提高了3个位次,虽然只是美国合作中心度的近1/4,但是,比起新中国成立之初,即使是改革开放之初的合作状况,绝对是一个了不起的成就。比较中国封闭与开放条件下的科技创新进步速度和国际地位,毫不夸张地说,是改革开放促进了中国的国际科技创新合作,进而促进了中国的科技创新进步和提升了中国的全球科技创新地位。这应当是国家特别是发展中国家获得科技进步的一个基本经验。

表 3-1　国际科研合作中心度前 40 名国家

国家	中心度	国家	中心度	国家	中心度	国家	中心度
美国	12.0	瑞士	2.3	韩国	1.2	墨西哥	0.7
英国	6.7	瑞典	2.2	芬兰	1.2	南非	0.7
德国	6.5	日本	2.1	捷克	1.1	罗马尼亚	0.7
法国	4.7	比利时	1.7	挪威	1.1	爱尔兰	0.6
意大利	3.8	俄罗斯	1.6	希腊	1.1	伊朗	0.6
西班牙	3.5	波兰	1.5	葡萄牙	1.1	新西兰	0.6
中国	2.8	巴西	1.5	土耳其	0.9	埃及	0.6
加拿大	2.8	奥地利	1.4	匈牙利	0.9	阿根廷	0.6
荷兰	2.8	丹麦	1.4	以色列	0.8	马来西亚	0.5
澳大利亚	2.5	印度	1.4	沙特	0.7	新加坡	0.5

资料来源:国家科技评估中心、科睿唯安:《中国国际科研合作现状报告——基于文献计量分析的视角》,2017 年 12 月 20 日,http://www.ncste.org/uploads/www/201712/200927062x7h.pfd。

在目前的全球科研合作结构中,从单个国家看,美国的合作中心度远远超过其他国家,是毫无争议的全球科技创新中心与全球合作枢纽,英国和德国位居第二和第三,但二者各自的中心度也都只是美国的一半。从区域角度看,有 21 个国家来自欧洲,这些国家的中心度加起来是 46.9,欧洲仍是毫无争议的世界科技创新中心和合作中心;北美的中心度是 14.8,亚洲的是 11.5。中国与其他国家合作中心度有着显而易见的差距,表明仍然需要巨大的且持之以恒的努力。

多个研究文献都揭示了中国的国际合作涵盖了所有学科领域,但是学科结构差异巨大。在基本科学指标(ESI)列出的 22 个学科分类中,中国的合作论文涵盖了所有这些学科,其中合作论文最多的学科分别是物理学、临床医学、化学、工程学、材料科学、地球科学、分子生物学与遗传学、环境与生态学以及计算机科学。社会科学、经济学与商学发文量分别占所有这些学科合作发文量的 1.9% 和 1.3%,接近最低的了;但是,在合作发文量占本学科发文总量方面,这两个学科分别是 49.2% 和 56.8%,居于第三位和第一位。

虽说国际合作是提高中国科技创新能力和国际地位的一个有利因

素,但以下三点值得重视:一是需要加强国际合作的深度。合作中心度是一个包括数量、质量和结构在内的综合性概念,数量、质量与结构的平衡程度反映了一国国际合作的状态及未来的可能趋势。比如,2006—2015年间,中国的国际合作论文规模(发文数量)增速最快,位居美国和英国之后的第三位,但是有以下缺陷,在国际合作论文数占本国论文发文总量的比例与美国、法国、英国和德国有明显差距,合作论文质量提高程度慢于数量增加速度以及在多边合作中的主导作用弱于双边合作。追求数量不顾深度是中国国际合作中出现的一个特征,可能反映这样一个问题:在国家科技创新能力整体落后的条件下,国际合作会有一个先数量后质量、先易后难的过程。目前中国的合作国家和地区已经达到了极限,也覆盖了所有学科领域,单纯追求数量增加的合作在边际上已经没有意义了,今后的合作应当以深化质量为主题。

二是对美国的依赖度过高。尽管中国与绝大多数国家、地区和国际组织都有合作,但是合作的国别结构差异巨大。2011—2015年间,与中国合作论文规模最多的10个国家分别是美国、英国、澳大利亚、日本、加拿大、德国、法国、新加坡、韩国和荷兰;其中与美国的合作论文规模(122775篇)占与这10个国家合作总量(271295篇)的45.3%,高被引论文数量也远超其他国家。以2003年和2016年间的合作论文看,在美国的国际合作论文中,中国的份额从62.6%下降到22.9%;在中国的国际合作论文中,美国的份额从27.4%增加到46.1%(美国国家科学委员会,2018)①。显然中国的国际科技创新合作对美国的依赖度最高且越来越强,相反的趋势是美国对中国的依赖度越来越低。

对某一国合作过高的依赖度常常是一把"双刃剑",既提高本国的科技创新能力,也暴露了合作的脆弱性。国家间科技创新合作很容易受双多边政治、经济及外交政策的影响,中国的国际合作对美国的依赖度快速提高不仅是由于美国的科技创新能力全球最强,也是因为双边政治、经济

---

① National Science Board,"Science & Engineering Indicators 2018",Chapter 5,https://www.nsf.gov/statistics/2018/nsb20181/assets/nsb20181.pdf.

关系改善以及美国 20 世纪 90 年代推崇科技外交的结果,但是自 2018 年以来美国特朗普政府借助中美贸易问题限制与中国的科技合作交流,以图遏制中国的科技创新能力快速提高和产业升级的趋势。中国要摆脱对美国的过度依赖是一个两难选择,解决之道在于:美国政府虽然限制合作,但不会全面禁止合作,因此中国还是最大限度地利用好可能的合作机会;强化自主创新能力,虽然国际合作必不可少,但毕竟一个大国不能完全依赖某一个国家,或者不能主要依赖外国;扩展国际科技创新供应链,根据各国发展现状和需要,主动设置议题,推动或强化与其他国家的合作,降低过度依赖某个国家的状态。

三是知识流向问题。国际科技创新合作是跨国传播知识的一个途径,但是知识传播的方向更重要,决定了合作中谁能够掌握对方更多的知识,深度挖掘和掌握对方的知识越多,越能够把握相关学科领域的潜在趋势、了解对方的能力优劣势及其国情,从中寻找更多的合作机会。在改革开放之初的科技创新合作中,中国的合作者主要期望得到对方的研发设备和经费,而对方借此获得了中国独特的资源。从经济学与商学的论文合作经验看,中国的学者大多是借助国外学者掌握的研究方法来分析中国的经济问题,社会科学主要也是这种情况。这样的合作研究使得国外专家更多更有深度地掌握中国的国情,而中国专家侧重于学习对方的研究方法,却并不怎么了解合作者的国情,以至于不能提出合作议题和培养合作的主动权。

第二节 农业科技创新国际合作

在国内探讨产业领域科技创新国际合作的文献中,没有哪一个产业像农业领域这么多,有趣的是,中国 1978 年的经济改革始于农业。这两者具有一致性:中国的农业技术比较落后,农村集体经济组织使得本已落后的农业生产更无效率,农村实行家庭联产承包责任制,迅速激发了农村劳动力的生产激情、责任感和创造性,农业生产率大幅度地提高了,农民的收入也提高了。但是,农民生产热情和提高生产率的努力受到了落后技术的制约。人口众多与农业资源稀缺的矛盾,使得如何才能养活中国众多的人口成为政府一直紧绷着的一根弦,也时不时成为国际社会关注的话题。在激发农业生产率提高的制度和人口红利释放完后,提高中国农业技术水平事实上成了农业发展的唯一寄托,在国内农业技术研发能力有限的条件下,国际合作是一个必然选择。伴随着农业科技创新的国际合作实践,对这种跨国合作的研究也多了起来。

农业技术包括机械技术和生物技术两个方面,机械技术属于制造业领域,农业科技创新的国际合作主要是指后者,研究国际农业科技创新合作的文献也主要集中于此。

一、以引进为主的合作

中国农业科技创新国际合作的一根主线是引进推广国外的动植物品种、学习国外的农业生产经营和管理经验以及引进农业科研设施和研发经费以提高研发能力。以下是几个文献提供的合作案例。

1994年中国政府实施了"948"计划,以引进国际先进农业科学技术,期望尽快缩小与世界先进水平的差距。截至2015年9月,"948"计划向40余个国家(地区)派出1576名专家学习考察和开展合作研究,请进1253名专家开展农业技术交流、合作研究与培训。引进动植物、微生物种质资源及优良品种24700多份,先进及实用技术1000余项,关键仪器设备430余台(套)。通过消化吸收再创新,共育成新品种260多个,取得专利技术和品种权545个,培养硕博士人才近2100人。国际合作使中国农业科技研发时间平均缩短10—15年,节约研发经费30%—50%,引进的国际农牧渔业先进技术几乎囊括了农业产前、产中和产后加工的所有环节(农业部新闻办公室,2016)。

除了政府的"948"计划外,其他机构(农科院系统和农业院校)的多种形式的合作同样是以引进为主,而且规模更大。比如,在合作中,我国引进了大量先进技术,其中1978—2008年间,引进种质资源10万多份(杨易等,2013)。在1996—2000年间(即"九五"期间),仅四川省农科院就引进农作物种质资源数万份、资金200多万美元、大型先进科研设备

20 多台(套)及各种图书资料上万册(本)(张颢等,2001)。

在与保加利亚农科院十多年的合作中,山东省烟台市农科院果树研究所引进对方樱桃、苹果、梨和葡萄等果树品种 200 多个;在 2001—2012 年间的合作中,保加利亚的专家在中国多地推广种植保加利亚的樱桃;在福建省屏南县先后引进种植了樱桃、黑莓等。自 2001 年至今,黑龙江农科院与保加利亚农科院的 7 家研究所合作,涉及农牧业、蔬菜、资源、土壤、玉米、饲料、果品等领域,引进包括珍贵和稀有资源在内的各类农作物资源 600 余份,还有先进技术引进和人才培养(罗青,2017)。

目前,中国农业科学院与 83 个国家和地区、38 个国际组织、7 个跨国公司、盖茨基金会等建立合作关系,签订 82 份科技合作协议;与美国、加拿大、日本、荷兰、澳大利亚和巴西等国家的科研院所,与国际水稻研究所等国际农业研究磋商组织(CGIAR)体系研究所共建联合实验室或联合研究中心 62 个;在巴西、比利时、澳大利亚和哈萨克斯坦建立 4 个海外联合实验室,拥有联合国粮农组织(FAO)和世界动物卫生组织(OIE)参考实验室 6 个;协调国内单位与 13 个国外机构办事处合作,开展的 250 多个国际合作项目覆盖全国 20 多个省区市。同时,中国农科院的农业技术和产品也遍布亚、非、美、欧等洲的 150 多个国家和地区,育种、植物保护、畜牧医药、农用机械等领域的 60 余项新技术和新产品实现了"走出去"(白锋哲等,2017)。

与大量探讨引进合作的文献相反,研究或详细介绍中国农业科技创新优势走出国门的文献极少,其中有一个分析的是中国—菲律宾的合作案例。该项合作始于 2000 年,利用广东的农业科技和产品优势,在菲律宾建立甜玉米、番茄、辣椒等主要农作物产业化生产试验示范基地,筛选适合当地种植的优良品种、无公害栽培技术和加工技术,并培训人员。同时,合作收集引进当地的甜玉米、蔬菜和热带水果等品种资源材料,丰富中国的遗传资源(科技部国际合作司,2006)。

二、结合国情完善合作机制

可以说,几乎所有文献都在介绍合作的成绩和经验以及提供更好合作的建议,给人的印象是,所谓国际合作无非就是引进对方的种质资源、共同培育新品种以及培养了多少人才,极少有文献就国际合作中或者由国际合作引发的一些问题给予深入的分析。毫无疑问,通过国际合作引进国外品种、替代本土品种提高农业生产率,为确保农产品供给安全作出了贡献,同样,对合作中出现的问题也必须重视,需要结合国情完善合作方式。

过度引进排斥了本土种质优势。这些国际合作可能存在这样的情况:中国的农业品种被过度地国际化了,虽然引进了国外(种质)资源或联合培育了新品种,但也排斥和丢掉了本土的传统资源优势,使得中国的农业直接或间接地被外国研发机构特别是跨国公司(如瑞士诺华、美国孟山都等)所控制。近几年时不时出现的农业问题,比如转基因食品的争论、品种更换频率高以及消耗农业资源(化肥、水)多等可能与过度的国际化有关。以往农民都是从自己种植的农作物中预留种子,但自从引入了国外种子后,农民必须年年买种子,如果仍然沿用预留种子的办法,结果是绝收。由农业部负责的一项调查表明,目前中国地方品种和主要作物野生近缘种丧失速度惊人,在湖北、湖南、广西、重庆、江苏和广东的375个县,主要粮食作物地方品种的数目1956年为11590个,2014年仅剩3271个,主要粮食作物地方品种数目丧失比例71.8%(俞慧友等,2018)。尽管这个报道没有说明主要粮食作物地方品种丧失的原因,但是引进国外品种替代本土品种应当是一个原因。另外,农业新品种开发是一项生物技术进步,主要作用是提高产量,但它的单产能否达到预期目标是与水、化肥和农药(如杀虫剂)的使用分不开的,越是高产品种,使用的水、化肥和农药就越多,这可能是导致中国土壤板结的一个原因。

引进种质资源的本土化程度低。在国际合作中,受政策和利益的驱使,无论是研发机构还是科技人员都有片面追求引进和推广数量的动机,这种思想和行为有悖于科学精神。受当地资源环境强约束是农业生产经营的突出特征,"所有的农业技术都必须适应当地的土壤条件和气候条件,适应当地生产要素的状况。……在农业中,当地条件是首要因素,而不是次要因素"(波金斯等,2013)。凭借引进可以改良或弥补一些不足是必要的,但是不计后果地引进和替代本土的种质优势和生产管理经验,在很大程度上必定或者已经损害了中国农业的可持续能力。农业国际科技创新合作的目标应当是最大限度地利用国际资源,服务、弥补、改善中国农业生产经营中的不足和需要,而非取而代之。同时,在国际合作中,不论与谁合作,都不能失去主导性,其最基本的要求是不能违背中国农业生产经营的规律和优势以及农民的利益和安全,这些都要求在国际合作中必须以本土化为关键。

对引进的资源和技术再创新不够。这是各个行业普遍存在的问题。1994年,北京引进以色列设施农业新技术建立了中以示范农场,上海从荷兰引进5套温室设施及资金建立了孙桥现代农业开发区,由此出现了国内引进这两个国家农业技术的高潮(张淑荣等,2012)。在后来的竞争中,这两个示范农场的优势渐渐失去,一个原因是没有在引进基础上消化吸收,也没有适时调整和升级产业结构;另一个原因是替代者越来越多。这两个案例说明了,农业科技创新国际合作中偏好引进而轻视再创新,导致重复引进和不良引进竞争。

过度追求国际合作破坏了本土农业科技创新供应链。大规模追求国际合作事实上导致了中国农业进步的动力基础建在了国外,本土农业科技创新力量几乎成了国外研发机构与农民之间的一个中介人:把国外的技术引进来推广给农民。这种做法腐蚀了自己的科学精神,破坏了立足本土的自主科技成果供给,使得极其庞大丰富的国内农业研发资源热衷于与国外合作而冷淡国内合作。这样的做法必须改变,中国的农业进步要建立在自主的科技创新供应链基础上。建立自主的农业科技创新供应链要求在国内研发机构、农业生产经营者和企业之间建立起完备、强大的合作关系,最大限度地减少对国外的依赖。

国际合作建议无视国情差别。不少文献的作者们都强调要与科技创新能力更强的发达国家和跨国公司合作,要建立大平台、设计大项目、长期合作以及与机构合作,针对核心技术或关键共性技术合作,提高推广效率,等等。中国地域广、生态环境复杂和生活习惯差别决定了农业生产经营和管理的复杂多样性,这些缺乏针对性的建议是毫无意义的。以建立大平台和设计大项目的建议为例,中国与绝大多数国家的科技创新合作,必须考虑一个特殊因素,即国家规模的巨大差异。与中国相比,大多数国家都是小国,人口或国土面积相当于中国的一个省级区域,中国农科院一个研究所的人员数量就可能相当于一些小国的国家级研究机构的人数,所以在与对方合作时,虽然有国家主权对等的意义,但在具体的合作中还是应当根据合作项目的规模、期限、行业、机构及动机等寻找到恰当的合作方式,切记不可设计脱离实际的合作方式。

第三节 与"一带一路"沿线国家合作

2013 年中国政府提出并实施"一带一路"倡议后,科技部于 2016 年发布了专项计划,以强化与"一带一路"沿线国家的科技创新合作,一些机构发起成立了科技创新联盟①、一些城市每年也都举办相关的研讨会。同时,聚焦于与"一带一路"沿线国家科技创新合作的研究文献也相继多了起来,文献中涉及的合作主体有地方层面(如安徽、江苏、四川、上海、福建及地方科研院所等)、国家层面(如中亚国家、中国与巴基斯坦、中国与俄罗斯等);涉及的合作内容有与"一带一路"沿线国家的合作程度,在农业、沼气、金融、国防等领域的科技合作,合作经验、科技园区合作、科技合作风险及合作对策等等,其中大多数文献都是相当简单地统计分析一下合作现状并提出一些想象的合作建议。从这些文献中得到的一个总体印象是,中国与"一带一路"沿线国家(除部分发达国家外)的科技创新合作无论是数量、结构还是深度上,都远不如与发达国家的合作那么丰富与活跃。这是一个显而易见的结论,因为"一带一路"沿线国家中绝大多数的科技创新能力都是比较弱的。另一个印象是,在政府和有关机构的努力下,可以预期,未来与"一带一路"沿线国家的合作将会不断深化。

2016—2019 年的浦东创新论坛设置了"一带一路"科技创新合作专题,讨论的主题是建设"一带一路"创新共同体。就科技创新合作有以下

---

① 比如:2016 年"一带一路"科技创新联盟在上海交通大学成立;2017 年"一带一路"航天创新联盟在西安成立;2018 年中国科学院倡议成立了"一带一路"国际科学组织联盟,"一带一路"动物科技创新联盟在中国农业大学成立,"一带一路"茶产业科技创新联盟在福建农林大学成立。

几个观点:中国科技管理部门强调科技创新在"一带一路"倡议的五个重点合作领域中发挥引领和支撑作用,科技创新合作不应局限于科技创新领域本身,必须与解决全球性问题、地区问题和各国特殊问题相结合,合作必须是开放式的,希望引进中国的科技创新资源、资金和经验。对科技创新合作,参加会议的外国专家和政府官员都持积极的态度,但积极中又隐含着谨慎。与这些观点一致,国内研究者也一致认为"一带一路"倡议带来了合作机遇并提出强化合作建议,而在部分非科技创新合作文献中则研究了可能的合作风险。

寻求合作是各国的共同点,但是有两点需要讨论:一方面,是否对其他领域发挥引领和支撑作用? 就一般意义而言,科技进步势必对许多领域产生影响,而且许多领域也都需要科学技术进步;就特殊情况而言,取决于人们的认识,而人们的思想观念又受到包括科技在内的国家发展水平的制约,比如当前中国的科技进步对交通、工作和生活等都产生了颠覆式影响,处于国际领先地位,其他国家的人如果不到中国来是认识不到这一点的。另一方面,当中国倾向于强调科技合作积极的一面时,国外(如保加利亚)的与会者却认为,科技创新要受到道德和公共价值的制约,需要为科技创新合作设置前提条件和寻找新型组织方式,才能既推动高新技术发展又避免对社会生活的负面影响。

中国要达到与"一带一路"沿线国家预期的科技创新合作,可能需要关注以下问题:首先要以理性的态度认识合作,为什么要合作及如何合作。各国之间是异质的,在资源禀赋、发展阶段、发展需求以及文化和思维模式等方面都存在差异,决定了各自对合作认识、合作方式及解决合作问题方式的不同,甚至对一个现象是不是问题就有不同的看法;在此基础上寻找合作的基础和利益共同点,而后是设计对双方都有利的合作机制和利益分配方式,否则谈不上合作,即使有合作也不会持续下去。其次必须使合作具有针对性,要发现对方的需要与其能力之间的不匹配,即深入细致地研究"一带一路"沿线国家的国情、面临的特定问题和共性问题是什么,它们的科技创新能力缺陷是什么。再次必须思考"一带一路"科技创新合作在国家的全球合作中扮演什么角色,还要考虑到非"一带一路"

沿线国家或相关国际组织可能会与中国在合作上开展竞争。"一带一路"倡议已经带动了一些国家(如美国、印度、日本等)和国际组织(如欧盟)与"一带一路"沿线国家包括科技创新合作在内的合作竞争。合作竞争将有助于参与者的科技创新进步,但也要注意如何保证向正确的方向发展以及如何保持中国的合作优势和影响力。

第四节　对外国合作的研究

国内关于外国科技创新国际合作的文献中,相当大一部分是介绍发达国家的政府间国际合作的经验或解读这些国家的国际合作政策,包括合作宗旨、立项原则、经费来源、过程监督及成效评估等等。

获取国家利益。文献揭示,所有这些国家在国际科技合作上都持积极态度,虽然在具体的政策、实施策略以及或明或暗的目的上有所差异,但宗旨都是一致的,即获取国家利益。包括符合和落实国家外交政策、获取外国的优质科技创新资源、提高国家科技创新能力和产业竞争力、增加在合作方的产品市场占有率、分担研发成本。

合作与竞争相伴。合作是有条件的和互利的,即合作是有边界的;合作方力争在国际合作中,特别是大科学研究项目中获得更多的发言权、控制权和领导权,合作项目发起方拥有获得这些权利的先发优势。在基础研究、大科学研究和高技术领域,发达国家要求新兴国家遵循平等互利、优势互补、共同投资和成果共享的原则。

有差异的合作策略。这个策略的假设前提是基于合作国的现实科技创新能力和双边关系,设置不同的合作目标和路线图,以获得不同的合作价值;在合作中不论国别,只要对方有擅长的科技创新领域就与之合作(马林英,1989、1990)。在高科技领域主要是发达国家之间的合作,并且这些国家的关系通常是友好的竞争对手;与发展中国家合作倾向于战略意义和获得、利用对方的独特资源或优势以及树立国际形象等。发达国家在与发展中国家合作或提供科技援助时,特别强调诸如增加出口、获得进入市场机会以及加强地缘政治关系(如欧盟利用科技创新合作推动欧洲一体化)。在与现实或潜在的敌对性质的竞争对手(比如美国与苏联)合作时,一方特别注重的是外交和安全利益,在科技创新合作时常常禁止高技术的合作或者限制对方把知识或技术应用于军事目的。

根据国际关系格局演变调整合作对策。一个明显的政策变化是,随着新兴经济体的崛起,发达国家及时调整国际合作策略,不仅加大了与这些经济体的合作,常常把获得进入市场机会作为重要条件,而且仍在调整合作关系;比较落后的发展中国家也趋向于加大与新兴经济体的合作力度。这一点很重要,反映了科技创新合作对国际关系变化及其潜在利益和风险的敏锐性。比如,欧盟从"地平线2020"计划(2014年)开始,把中国列入高收入国家,中国的合作者不仅不能再获得欧盟经费,而且还要提供匹配经费。又如,随着中国科技创新投入增加和能力提高,日本一方面减少对中国的技术援助,转而加强对印度的技术援助;另一方面又积极与中国合作,以借助中国的科技创新力量弥补自身投入的不足和掌握中国的动态。自从美国特朗普政府把中国定位于其战略竞争对手后,强制降低与中国在关键科技创新领域的合作程度,并突出重视知识产权的保护。

承担共同但有差别的国际责任是合作者基本一致的立场。随着诸如环境保护、能源安全、自然灾害、传染性疾病、食品安全等,越来越成为国内和国际政策层面考虑的问题,通过科技创新国际合作来解决这些问题就成为应对措施之一。发达国家由于科技创新能力强,自然担负起更大的国际责任,但是与发展中国家的合作和向其提供支持尤其重要,因为发展中国家受到的全球性威胁最严重。发达国家和国际组织在合作方式上也突破了提供官方技术援助的传统方式①,注重发展中国家解决这些问题的科技创新能力建设,这种方式提高了技术援助中的合作成分。

---

① 尽管援助是正在发生的事实,但援助的主要动机是支持对外政策目标和政治联盟,增加收入和减少贫困是次要的。同时,对援助效果的争议很大,主要有三点:援助通过增加投资和资本存量、帮助技术转移、支持重要的健康和教育目标促进了经济增长和发展;援助对增长没有作用,反而通过扭曲私人生产激励、滋生腐败、援助依赖削弱了增长;援助在特定条件下才发挥作用,取决于受援国的政治和制度环境、援助者的目的和做法。[美]德怀特·H.波金斯、斯蒂芬·拉德勒、戴维·L.林道尔:《发展经济学》(第六版),彭刚等译,中国人民大学出版社2013年版。

注重科技外交的双重功能。一种功能是利用科技外交改善国家间关系,特别是与敌对国家的关系,这种功能发挥的条件是,虽然两国在政治上是敌对的,但是发达国家强大的科技创新能力是世界公认的,因此在外交领域,视科技创新合作交流为一种软实力,用作打开外交关系僵局的一个选择。由于注重发挥科技外交的功能,发达国家的科技专家和企业家通常都具有外交头脑。比如,1971 年,当两个美国科学家在赴越南民主共和国途中获悉美国乒乓球代表团即将访问中国的消息时,立即提出到中国访问,在乒乓外交结束大约一周后这两位科学家从越南来中国访问,当时在美国和国际上都产生了很大影响(李明德,2015)。

另一种功能是遏制功能。几乎所有文献都强调改善国际关系的外交功能,但忽视了它的遏制功能,即一国利用领先的科技创新能力削弱、破坏或延缓竞争对手的科技创新能力提高及发展先进产业的能力,包括不与潜在的对手进行科技创新合作或者降低合作程度、限制高科技领域的合作交流、惩罚对手领先的技术公司以及限制其前沿技术和高新技术产品出口;或者以有吸引力的理由隐含地把对手的科技创新资源从强势领域转移到弱势领域,如美国与苏联合作时就提出把军工领域的科学家转移到民用技术领域,以削弱苏联的军事优势。作为潜在或现实的竞争对手,在面对领先国家的威胁时,除了强化自主创新能力外,仍然需要最大可能地利用领先者的科技创新成果。

第五节 完善国际合作法规

一国完备的合作法规是获得合作机会、约束合作行为、保证合作顺利实施并取得预期成效、保障合作各方权益、解决争端和扩展深化合作的必要条件。或者说,完备的合作法规直接决定着合作的吸引力与合作能力以及对不法行为的有效纠正。无论是哪一种类型的国际合作,健全的国内合作法律是构建完备合作机制的一个前提和基础要素。从国内文献看,研究者主要探讨的是科技创新合作中的知识产权保护特别是合作成果的归属问题。

一、以立法规范合作

中国的国际科技创新合作法规经历了一个从无到有、从不规范到规范、从零散到系统的过程。到了20世纪80年代,中国的国际科技创新合作已经呈现规模化趋势,同时合作中暴露的问题也越来越多,解决立法缺失问题迫在眉睫。当时国内合作者在国际合作中的无法可依状况和不规范行为(杨佩琳,1985)包括:一些单位为了得到合作,毫无顾忌地向外方显示"研究实力";不少单位合作四五年来,只能沿用一般科技政策指导特殊的合作协议的执行,合作工作只能凑合着进行;有些部门自行制定了一些规定,但又苦于口径不一,缺乏权威性和科学性;至于合作成果(如专利)分享等问题,没有统一的主张。由于没有相应的法规支持,法规意识淡薄、部门规章随意和观念政策陈旧,导致合作行为极为不规范,不仅没有实现预期的合作目标,也引起外方合作者的反感,留下了许多合作教训。

二、知识产权归属

国际科技创新合作是不同国家的法人和公民进行的跨国科技研发活动,所引发的问题有:在初始阶段,寻求合作是否符合本国法律? 一旦合作投入实施,便产生了适用哪一国法律的问题,包括合作过程的顺利实施与合作成果(知识产权)的归属和分享问题。

研究者(比如段瑞春,1985)提出,确定适用法律的原则包括,当事人选择法律的自主原则、援用公共秩序保留的原则和实体规范不得违反平等互利的原则。其中平等互利是合作的基本原则,其核心是产权共有,包括成果分享、违约责任、不可抗力和解约条件。在合作研究中,产权共有坚持平等互利原则的法律保障。产权是指因合作研究成果而产生的发明权和专利权,平等互利的法律保障是按照平等互利的原则明确规定双方对合作成果的权利和义务并得到法律的保护。因技术成果而产生的权利包括人身权和财产权,合作双方均应是这些权利的合法主体。

对于成果的归属与分享,文献常常提到的国外合作成果分配理论是:属地所有论(成果归最终完成地所有)、优势决定论(提供主要技术的一方享有成果在第三国的一切权利)、投资决定论(按投入资金比例分成)、附加条件论(对取得和使用成果提出有失公平的附加条件)和立法决定论(归于有立法保护或立法水平更高的国家所有)。尽管一些研究者和批评者认为,这些理论不符合互利互惠原则,是发达国家的不公平做法,但是这种做法值得赞赏,而且落后国家必须这样做。理由是国际合作本身是为了获利,不论是立法还是提出理论,都是为本国的合作者赋能,使本国合作者在合作过程中对获利保持警觉和获得应有的利益,如果一方没有法律和理论支持,或者理论没有说服力、法律欠周延,则必定失利。

三、平等互利的法规保障

中国在国际科技创新合作中提倡的一个基本原则是平等、互利和互惠,这是中国外交原则在科技创新合作领域的应用,这虽然重要,但它的实施必须有法律和理论给予支持。为满足合作的需要,从 20 世纪 80 年代初期以来逐步完善了相关法律,比如 1983 年的《中华人民共和国商标法》、1985 年的《中华人民共和国专利法》、1991 年的《中华人民共和国著作权法》和《计算机软件保护条例》、1994 年的《中华人民共和国反不正当竞争法》、1995 年的《关于对外科技合作交流中保护知识产权的示范导则》以及 2000 年的《关于加强与科技有关的知识产权保护和管理工作的若干意见》,等等。同时,中国也加入了一些国际条约,如《巴黎公约》《伯尔尼公约》《世界版权公约》《专利合作条约》《商标国际注册马德里协定》。中国也与许多国家、国际组织就知识产权保护达成双多边协议。有研究者(例如古祖雪等,2008)认为,以 1998 年为界,之前签署的双边协定对知识产权的归属比较简略;之后开始重视此问题,不仅扩大了使用范围而且规定得更加翔实。

第六节　中国的国际合作史

今天,中国的国际科技创新合作已经构建成了以美国为中心、以发达国家为主、遍布全球的网络,达到了自近代以来前所未有的开放合作的广度和深度,但这注定是一个不平凡的过程。根据现有文献把新中国成立以来的国际科技创新合作演变概述如下①。

在几个有明确历史阶段划分和隐含着阶段划分的相关文献中(例如,徐新民,1986;易继明,2004;程如烟,2008),有以下三个国际合作阶段是共识:1949—1960年,从新中国成立到中苏关系破裂;1960—1966年,从中苏关系破裂至"文化大革命"开始;1966—1976年,"文化大革命"期间。对这个阶段划分也并不是没有争议,比如有的文献把1971年中国恢复在联合国的合法席位作为新合作阶段的一个标志。对1976年以后的历史阶段划分没有这样的共识,比如有的文献把"文化大革命"结束到1993年颁布《中华人民共和国科学技术进步法》作为一个阶段,有的把1978—1985年的改革开放作为国际合作新阶段的开始。把1977年作为是"文化大革命"结束后国际科技创新合作新阶段的开始是恰当的,有文献指出:在1977—1978年间,"从工业战略的角度来看,最重要的变化是越来越重视出国学习国外的技术","进行了明显的外向型转变,鼓励企业大量引进外国技术"(费正清,1992)。下文将根据这个历史阶段划分,结合重要事件做一个简要梳理。

新中国成立之初的国际环境和"一边倒"政策,使得国际科技创新合作局限于以苏联为首要合作者的社会主义国家阵营,第一批与中国签署政府间科技创新协议的也是这个阵营里的国家②;与周边国家和部分非

---

① 与部分国家或地区的建交和签署科技创新合作文件的时间可参考表3-2。

② 继1952年与捷克签订了我国第一个政府间科技合作协定后,在1953—1960年6月间,先后又与罗马尼亚、匈牙利、民主德国、波兰、苏联、阿尔巴尼亚、保加利亚、南斯拉夫、朝鲜和蒙古国签订了政府间双边科技合作协定。1956年7月与越南签订了对越南技术援助议定书。徐新民:《新中国对外科技合作与交流的历程》,《国际科技交流》1986年第3期、第4期。

洲国家也开始了有限的交流。20世纪50年代是新中国国际科技创新合作的一个小高峰。这时的国际合作交流以双边合作交流为主，有少量的多边合作交流①；合作内容和方式有相互考察和实习、参加国际会议、培训、技术援助以及提供科技资料、种子苗木和实物样品，或者委托试验鉴定等，合作研究和技术开发较少。有些合作事实上是技术援助，中国接受苏东国家的援助，同时也向朝鲜和越南等国提供援助，新中国的国民经济发展和科技进步得到了这些国家的大量帮助（见第一章相关内容）直到1960年中苏关系破裂。与苏联和东欧的合作对中国科技创新（从科学技术到科技体制）的影响是深远的，以至于这些初始的科技创新条件至今仍然影响着中国的科技体制和科技创新路径。

中苏关系破裂不仅中断了两国的合作，也中断或收缩了与东欧国家的合作，此时中国与世界上科技创新能力最强的国家都没有了外交关系。渴求经济技术现代化和科技进步的中国政府开启了自主创新的征程②，同时也致力于开辟新的国际交流合作国家。20世纪60年代上半期（1960—1966年）是中国国际科技创新合作的一个转折时期，一是从这时便起步了自主创新与国际合作相结合的科技创新进步框架；二是加大了与发达的资本主义国家（西欧、日本、澳大利亚、美国等）的交流与合作，但受当时缺少政府间外交关系的制约，民间交流合作的活跃程度远高于官方，包括参加国际学术会议和访问、从这些国家进口工业技术及设备，发展起了技术贸易并借此进行技术考察和交流。在继续与一些社会主义

---

① 1956年3月，与阿尔巴尼亚、保加利亚、匈牙利、民主德国、朝鲜、蒙古国、波兰、罗马尼亚、苏联和捷克斯洛伐克签订了组织联合核子研究的新协定。同年6月，与越南、朝鲜和苏联签订了关于在太平洋西部进行渔业海洋学和湖泊学研究的合作协定。1958年3月，与匈牙利、民主德国、波兰、苏联和捷克斯洛伐克签订了在热带气候条件下进行强电电气设备试验研究的协定。徐新民：《新中国对外科技合作与交流的历程》，《国际科技交流》1986年第3期，第4期。

② 苏联撤走专家后留下了许多"半拉子工程"，中国专家由于未能获得这些项目的核心技术、关键设备和新技术材料，不得不从头开始研制和生产。基于这些教训，中国政府提出了独立自主、自力更生、立足国内的方针。对于苏联，能学的还是尽量学；同时要大力开辟对资本主义国家的科技交流。沈志华：《苏联专家在中国（1948—1960）》（第三版），社会科学文献出版社2015年版。

国家(如阿尔巴尼亚、朝鲜、越南和古巴)合作的同时,又开辟了与部分亚非拉国家(如古巴、埃及、印度等)的政府间和民间合作。

"文化大革命"十年间的国际科技创新合作与交流状况可分为两个不同的阶段:上半期几乎是全部中断,20世纪60年代初提出的自力更生近乎闭关锁国,与苏联和蒙古国的合作完全中断、与东欧6国的合作接近零[1]、与亚非拉国家的交流趋于停顿、同西欧和日本的民间交流遭到破坏。"文化大革命"的下半期是恢复和扩大时期,一个标志性事件是我国恢复了在联合国的合法席位;此后,中国政府实施了"一条线、一大片"外交方针[2],包括了美国和欧洲在内的所有科技创新能力最强的经济体。于是,在20世纪70年代,中国又迎来了新一波建立政府间外交关系、特别是与发达国家建交的高峰,如1972年尼克松访华和随后中日恢复邦交等等。这些都为科技创新合作与交流创造了新机遇,同时也对建立外交关系起到了积极作用。新外交方针的实施不仅恢复了与一些国家已有的科技创新合作交流,而且开始了与日本、西欧、美国等发达经济体大规模的交流与合作,比如从1972年到1976年,先后与加拿大、美国开始了科技创新交流[3],与南斯拉夫、墨西哥和巴基斯坦签订了科技合作协定。这些合作与交流使得中国从国外引进了大批成套设备,一个典型案例就是1973年,国务院批准了国家计委提出的从国外购进43亿美元成套设备和单机的方案(易继明,2004)。

"文化大革命"结束后,中国转向了以经济建设为中心的改革开放时代,一系列科技创新方面的重大举措,为国际科技创新合作创造了巨大的

---

① 捷克斯洛伐克、罗马尼亚、匈牙利、民主德国、波兰和保加利亚,此外对阿尔巴尼亚和越南的援助与合作不仅没受影响而且还加大了力度。

② 毛泽东同志在1973年和1974年分别提出"一条线"和"一大片"外交战略,"一条线"是指从中国、日本经巴基斯坦、伊朗、土耳其到欧洲再到美国这一条线上的国家;"一大片"是指"一条线"周围的国家。"一条线、一大片"外交战略目的是团结"一条线"和"一大片"的所有国家,共同对付苏联的扩张势头。这个外交战略到1982年时,由独立自主的外交政策替代。陶季邑:《美国关于中国20世纪70年代"一条线、一大片"外交战略研究述评》,《武汉科技大学学报(社会科学版)》2014年第2期。

③ 1973年,中国科学代表团和医学代表团访问美国,被认为是中美科技交流的先声。徐新民:《新中国对外科技合作与交流的历程》,《国际科技交流》1986年第3期、第4期。

需要和机遇①,在新的科技外事方针指导下和新的国际合作体制机制保障下②,对外合作不再局限于意识形态和社会制度的差异,政府间签订的合作协议进入高峰期(见表3-2),民间交流合作空前活跃。到20世纪80年代末,中国在世界范围内构建起了一个全方位、多层次、多渠道、多形式的国际科技创新合作与交流的框架;到20世纪90年代初,已同75个国家缔结了政府间科技合作协定,同130多个国家建立了双边合作关系(宋健,1992)。在这些政府间的合作协定中,包括了所有的发达国家,其中以1979年与美国政府签订的协定为最大。于是在短短的10余年里,中国便快速、大规模地转向了以与发达国家合作为主的全球化合作时代,构建了以发达经济体(中美、中德、中法、中欧、中俄、中日)为主的全球合作框架,并延续至今。由于美国是科技创新能力最强的国家,中国的全球化合作时代事实上是以美国为中心的时代。

表3-2　与部分国家或地区建交时间和合作起始年份

国家或地区	建交时间	合作文件最早签署年份
苏联	1949年	1954年
巴基斯坦	1951年	20世纪60年代
朝鲜	1949年	20世纪50年代
蒙古国	1949年	1987年
苏丹	1950年	1970年
瑞典	1950年	1978年
挪威	1950年	1980年
芬兰	1950年	1986年
丹麦	1950年	1987年

---

①　比如,1978年3月的全国科学大会及大会通过的《1978—1985年全国科学技术发展规划纲要(草案)》、1985年中共中央发布的《关于科学技术体制改革的决定》、实施"863"计划等等。

②　1978年第一次全国科技外事工作会议提出"解放思想,全面开展对外科技活动"的要求;1981年第二次全国科技外事工作会议提出的要求是:"在独立自主、自力更生的前提下从国内实际情况出发,讲求实效,认真学习各国对我国适用的先进科学技术和科技管理经验,积极、稳妥、深入、扎实地开展国际科技合作与交流活动,为发展我国国民经济和科学技术服务。"程如烟:《30年来中国国际科技合作战略和政策演变》,《中国科技论坛》2008年第7期。

续表

国家或地区	建交时间	合作文件最早签署年份
瑞士	1950 年	1989 年
越南	1950 年	1992 年
印度尼西亚	1950 年	1994 年
英国	1954 年	1978 年
荷兰	1954 年	1999 年
法国	1964 年	1978 年
加拿大	1970 年	1972 年
意大利	1970 年	1978 年
智利	1970 年	1980 年
埃塞俄比亚	1970 年	2011 年
秘鲁	1971 年	1971 年
比利时	1971 年	1979 年
奥地利	1971 年	1980 年
冰岛	1971 年	20 世纪 80 年代
塞浦路斯	1971 年	1984 年
尼日利亚	1971 年	2016 年
墨西哥	1972 年	1975 年
新西兰	1972 年	1978 年
德国	1972 年	1978 年
卢森堡	1972 年	1979 年
希腊	1972 年	1979 年
澳大利亚	1972 年	1979 年
日本	1972 年	1980 年
阿根廷	1972 年	1980 年
圭亚那	1972 年	1988 年
西班牙	1973 年	1981 年
巴西	1974 年	1982 年
马来西亚	1974 年	1992 年
菲律宾	1975 年	1978 年
泰国	1975 年	1978 年
欧盟	1975 年	1981 年

续表

国家或地区	建交时间	合作文件最早签署年份
莫桑比克	1975 年	2008 年
美国	1979 年	1979 年
葡萄牙	1979 年	1993 年
爱尔兰	1979 年	2000 年
克伦比亚	1980 年	1981 年
厄瓜多尔	1980 年	1984 年
玻利维亚	1985 年	1992 年
乌拉圭	1988 年	1993 年
新加坡	1990 年	1992 年
韩国	1992 年	1992 年
哈萨克斯坦	1992 年	1994 年
以色列	1992 年	2000 年

说明:表中所说的"合作文件"包括合作协定、合作协议或者合作谅解备忘录等。
资料来源:外交部"国家和组织",http://www.fmprc.gov.cn/web/gjhdq_676201/;与其中个别国家签订
　　　　协议的最早年份根据有关文献推定。

　　改革开放时代的合作除了进行着以前和通行的合作方式外,还出现了一些新型合作方式:在以经济建设为中心和以市场换技术的要求下,科技体制改革也以服务市场经济为目标,把加强科技合作与对外经贸结合,并推动科研院所、科技企业进入国际市场,形成了科工贸一体化、科技创新合作与经济合作一体化的合作方式,这两种形式后来演变为双边建立高新技术产业化基地、科技园或合作基地。合作研究与合作引进、合作输出并行,其中合作引进是指以合作的形式学习和引进外国的科技创新资源(包括科研设备、研发资金和产业技术,与当时企业引进生产技术基本上一样),这种形式也是自新中国成立以来科技创新国际合作服务经济建设的一贯形式;合作输出是指通过国际合作推广中国的科技成果和人才、带动产品特别是高技术产品的出口①,但与合作引进相比弱得多。

---

　　①　从 20 世纪 80 年代中期到 90 年代中期,在科技兴贸的要求下,科研院所被赋予了科技产品的进出口权,成为国际进出口贸易的一个积极力量。

总的来看,对中国近七十年来的国际科技创新合作可总结如下:

国际科技创新合作根据国家发展战略需要和外交关系变化,成为国家经济、外交等政策的一项重要内容,并且很好地执行了这些政策。在发挥科技创新合作的外交功能中,中国扮演着双重角色,既从科技创新能力领先国家学习和引进,又向落后国家提供科技帮助。

政府间科技创新合作与国家经济发展和科技进步需要密切联系,使合作致力于服务经济发展需要。在服务经济发展中,合作形式的演进是从新中国成立初期的项目建设(引进生产成套设备)、20 世纪 60 年代的技贸结合、改革开放初期与经贸结合到 20 世纪 90 年代建立产业化基地或园区以促进合作技术成果的产业化。

国际科技创新合作在较短的时间内极大地促进了中国科技创新的全方位进步和国际地位提高,深化了国际合作质量、提高了效率、增强了主动性及合作法规意识;快速且不断地完善和升级了中国的产业技术,以至于建立了国际上最齐全的制造业结构,成为制造业增加值规模和出口规模最大的国家。

中国在国际合作项目中的角色逐渐从非中心地位(引进和学习)为主向共同研发(地位平等)和小部分领域成为领导地位(成为领先国家的竞争对手)演化,这是中国科技创新能力提高的一个标志。国家科技创新能力的极大提高产生了广泛的外部性,比如吸引跨国公司在中国设立研发中心、增加高新技术领域投资以及更多的国外研发和学术机构愿意与中国合作。

由中央政府、地方政府、政府部门、科研院所和高校、企业、民间、个人、派出与引进等构建成了一个全方位的国际合作框架,使得中国的科技创新深度融入国际化。立足全球的多元化合作关系一个明显特征是起到了互补作用,包括国家间、学科领域间等,比如某一国政府禁止可用于国防的高新技术与中国合作,可以通过与其他国家的合作来弥补。

国际合作中出现的一些问题也必须重视:在各个部门(科研院所、高校、企业等)如饥似渴的合作大潮下,导致国内技术供给不足、对之需求也不足,冲击和扼制了自主科技创新能力,已经确立的自主创新理念受到极大的挑战,甚至出现了否定的思想,以至于养成了对国外科技创新的依赖心理,使得科技创新进步和产业技术升级对国外亦步亦趋,近七十年来鲜有傲视全球的原创。在服务经济建设的方针指导下,研发机构的国际合作事实上成为与政府和企业引进国外技术相配合的另外一种引进方式,较少是一种真正意义上的科学研究或技术开发合作。

由于相关法规的不完善、缺乏约束和缺乏经验,甚至是讨好、祈求别人合作,造成了一些无底线的合作,使得合作成为被对方利用的一个工具,流失科技创新资源与合作成果。这种状况随着以下几方面措施的推出有所改善,包括提出合作要以我为主、为我所用、互利共赢的要求,完善法规①,合作要符合国家科技创新相关规划或计划、加大合作投入,等等。

科研院所进入国际市场及由此形成的科工贸一体化、科技创新合作与经济合作一体化的方式破坏了基础研究,养成了科技创新工作的急功近利行为。如前文所述,基础研究、技术开发和创新是三个不同的活动,基础研究与服务于经济发展的合作引进及合作输出是无法结合的;竞争前共性技术开发因具体的应用目的不明确也无法与市场结合,竞争性技术开发是与市场联系在一起的,这便是致力于追求市场利润的企业的创新,但是一刀切的政策混淆了三者区别,尤其是破坏了基础研究。

从 20 世纪 60 年代初到"文化大革命"上半期,在国际科技创新合作交流收缩和被破坏的条件下,国家的自主科技创新能力得到了培养,而从 20 世纪 70 年代中期恢复和扩大了国际合作交流至今,自主科技创新的意愿趋于下降,以至于在国际合作交流与自主科技创新之间形成了相互替代的状态。20 世纪 80 年代,在总结了过去 30 年偏好引进国外成套设备的经验教训后,提出要加强引进技术的消化吸收,把引进与提高自己的技术水平和制造能力结合,在国际科技创新合作中虽然也要求贯彻这个

---

① 比如,1995 年,国家科学技术委员会制定了《关于对外科技合作交流中保护知识产权的示范导则》。1997 年,国家科学技术委员会发布了《关于设立中外合资研究开发机构、中外合作研究开发机构的暂行办法》。2000 年制定了《"十五"期间国际科技合作发展纲要》,这是首个对国际合作作出系统的规划。从 2006 年发布的"十一五"合作纲要开始直到今天,国际合作主要是落实《国家中长期科学和技术发展规划纲要(2006—2020 年)》。

方针,但事实上很少做到。可以说,自20世纪50年代以来直到今天依然没有处理好技术引进与国内研发或者国际合作与自主创新的关系。

第七节　国际合作理论

如果不是所有的话,也是绝大多数的国内文献偏好于中国国际科技创新合作的经验分析总结、统计分析或在很少的文献中借助某种理论给予实证研究,而对国际科技创新合作理论的探讨不是这些文献的兴趣所在,不过这些文献中也隐含着一些值得探讨的理论问题。本部分尝试挖掘和总结这些文献中涉及的理论。

一、中心网络与学习网络

在国际科技创新合作中,存在两种不同性质的合作网络:一种是基于中心—边缘结构建立起来的网络,称作中心网络;另一种是基于学习引进建立起来的网络,称作学习网络。虽是两种不同性质的合作网络,实际上是一枚硬币的两面。

国际合作网络有全球、区域和局部之分,除中心国家外,其他国家或近或远地处于网络中的某个位置。在中心网络中,那些科技和创新能力比较强的国家成为其他国家寻求的合作对象,因而居于中心地位。这三类网络中的中心国家有的是同一个国家,有的并非同一个国家,比如美国既是全球网络的中心、北美网络的中心,也是局部网络的中心;德国乃是欧洲大陆网络的中心;与中国邻近的日本是亚洲区域网络的中心;而中国只是一个局部网络的中心。虽然居于网络中心的国家也会易主,但稳定性更强;处于网络中心地位的国家会为争取合作者、维持中心地位而竞争。

学习网络是一个科技创新能力落后国家为学习和引进领先国家的知识而建立的合作网络,任何一个国家只要承认自己在某些领域存在知识和能力不足并且愿意向别的国家学习,就可能建立起合作关系。不过,它的合作对象和国家数量多少取决于该国的外交政策和国际关系,或者说,与处于中心地位的国家相比,处于边缘地位的学习者选择权力较小。

二、合作与竞争的关系

为合作而竞争。国际科技创新合作具有供给竞争和需求竞争的特征,科技创新优势国之间存在着知识供给的竞争,即尽力争取更多的合作国家,以强化或者最大限度地发挥国际影响力;科技创新劣势国之间存在着知识需求的竞争,即希望获得更多的、多元化的学习对象,以提升自己的科技创新能力。供给竞争使得供给国能为需求国提供更多和更好的机会,需求竞争则使学习国能够创造更好的学习条件。相比于需求竞争,供给竞争能够使供给国获得更多的知识优势,因为供给竞争能够吸引更多的外国优秀人才,不仅有助于该国的科技创新进步,而且这些人在合作结束时很有可能会留在该国工作,即使他们回归本国也会与合作者保持联系。

合作中的竞争。在具体的合作中,合作各方之间也是存在竞争的,竞争的焦点是如何最大化地获取对方的知识优势。合作者都隐含地代表着国家利益,以及很多时候合作背后是与国家的经济或安全密切相关的利益冲突,所以合作不仅仅在于合作项目的完成和合作成果的分配,还在于它有很强的外部性和机会主义特征,一方总是尽可能多地获取对方的知识和独特资源而尽最大努力保护自己的优势;有些合作的出发点就是尽可能多地利用对方优质的、有时还是廉价的科技创新资源,通过合作还能更多地了解对方的国情①,服务于双多边外交政策。但是任何合作如果没有知识或利益让渡就不会有合作,获利是以让利为前提的,所以保护自己的利益是合理的,而让利是必须的。沟通与信任、完备的合作机制以及较强的认知能力都有利于获取合作中的知识特别是隐性知识。

---

① 比如2001年,中国一些研究机构与美国哈佛大学合作研究,在安徽省的大别山深处,在农民不知情的情况下采集农民的血液,受到舆论的强烈关注和质疑,认为国内基因流失国外损害了国内利益。

三、合作与自主的关系

早在《1956—1967年科学技术发展远景规划纲要(修正草案)》中,中央政府就明确了自主创新与国际合作的关系:要使我国最急需的科学技术部门接近或赶上世界先进水平,主要应该依靠自己的力量来发展科学技术,同时还要充分利用科学技术上国际合作的力量。它隐含着国际合作是提高自主创新的一个途径,有研究者认为,国际科技创新合作最重要的战略目标应当定位在促进我国科技自主创新能力的提高上(马颂德,2001)。虽然合作具有必然性和必要性,但是对合作的依赖也暴露了追求合作国家的脆弱性和软肋,在两国关系反目时,攻击这个软肋就成为对方要挟的手段。

在前文辨别国际合作与自主创新的关系时,强调了自主创新与拿来主义和科技创新"第一人"的关系,本部分换一个角度分析国际合作与自主创新的关系。研究者给予"自主创新"不同的定义,比如自主创新最重要的特征是自主性、是拥有自主的知识产权、自主创新不是封闭创新等等,但是这些定义大多是望文生义或者仅仅反映其外延。

李约瑟在《中华科学文明史》中阐述的中国古代的科技创新成就,都是中国的科学家或思想家独自提出的,毫无疑问是中国自主创新的成果,尽管有的早于西方、有的与西方在同一时期、有的在西方之后,尽管偶尔也受到外来思想的影响。因为古代的中国是比较封闭的,即使有国外的科技创新传到中国,也有很长的时滞。只是在近代以来,渐渐频繁的国际联系及被西方先进技术打得节节败退,才认识到了与已经工业化了的西方国家的巨大差距,便快速地失去了独自性、患上了依赖症,学习和引进就成了科技创新进步的主要方式。

科技创新活动有独自无封闭。科恩(1999)指出,当一个科学家(或一个科学家小组)发明了解决某一个或某一些重要问题的根本办法时,或者发现了一种新的使用信息的方法时(有时候是使信息的有效范围大大超出现有的界限),当他(或他们)提出了一个新的知识框架,而现有的信息在此之中可以以一种全新的方式得到表述时(从而导致一种谁都未曾料想到的预见），或者引入了一组改变现有知识特性的概念或提出一种革命性的新理论时，第一阶段的革命就会发生。简而言之，这革命的第一阶段，乃是在所有科学革命的萌生之时总能发现的、有一个或数个科学家去完成的过程。它是由某一个人的或某一个小组的创造性活动构成的，这种活动通常与其他的科学家共同体没有相互作用，它完全是在自身中进行的。

国际科技创新合作如何提高自主创新能力？合作不妨碍自主。遵循科恩的思路，任何一个国际合作的科技创新活动项目都是一个单独的活动小组，如果合作是以学习和引进为目的或者指望对方提供解决方案，不会提高自主创新能力；只有在合作中贡献独特的或者高超的智慧，不论是垂直型合作还是水平型合作都能够提高自主能力。遗憾的是，指望别人提供解决方案确实是中国合作者追求的主要目的。

与此相关的一个问题是"走出去"合作与"引进来"合作。中国的国际科技创新合作正处于从"走出去"合作转向"引进来"合作的阶段。"走出去"合作是指通过科技外交寻找国外合作对象，以期能够出国学习、引进先进技术和管理理念的合作，从引进人才、设备和外资以及到国外设置研发机构也是这个目的。"引进来"合作是借助本国充足的经费和先进的科研设施，吸引国外的高级人才和研究机构来中国从事科技创新活动。这是从被动合作向主动合作的一种转变。"引进来"合作一定能够提高自主创新能力吗？如果一项科学发现、技术发明或创新成果是由"引进来"的外国合作者提出或完成的，即从本源上看仍然不是自主创新的成果，尽管他利用了你的经费和设施，也尽管依据某项法律规定在形式上是属于你的。显然，对"引进来"合作取得的科技创新成就的知识产权归属问题应当由科技创新界的共识和法规确定。

四、利己与利他的关系

三个臭皮匠顶个诸葛亮这个俗语说明合作能带来个人单干所不能达到的利益，囚徒困境揭示合作的收益大于不合作的收益，正是由于这些道理才有了亚当·斯密《国富论》中论及的商人们只有向消费者提供利益才能自己获利。

不论国际合作的初衷是什么(比如公利或私利),合作者总是能够获得不合作条件下的利益,所以交换与互利是国际合作的核心原则。换句话说,合作是有成本的,将欲取之,必先予之;利己是以利人为前提的,无利人便无利己。国际科技创新合作中的成败,除科学、技术或创新自身固有的性质外,合作者之间利益能否平衡是把合作引向成败的杠杆,利益关系失衡产生于对合作伙伴利益期望值理解方面的欠缺或漠视(王逸,2008)。

国际合作中的交换与互利是有边界的,这个边界规定于合作机制和存在于合作者认知中。作为理性的合作者,任何一方都不会允许对方获得超过边界之外的利益,但是,由于科技创新问题是知识和认知能力的问题,当合作者之间存在认知能力差异时,认知能力强的一方所获得的知识会超过另一方。超出边界之外的利他会给自己带来危害,虽然有时会获得合作者表面上的赞赏,但是事实上得到的是蔑视或误解,因此"利他"必须以法规和人格为基础,要有底线,既不可随意承诺,也必须斤斤计较。

第八节　对文献的总结评价

对上述国内关于科技创新国际合作文献的梳理与总结,现概括评价如下。

一、国际合作取得的成就

70 年来,中国已经构建起一个广泛且复杂的国际科技创新合作网络,至少在合作的国家和地区数量上已经达到了可能的最大化边界,科研院所、大学和那些顶尖的公司都已建起遍布全球的合作网络,涵盖了所有的科学领域,不仅极大地提高了国家的科技创新能力,而且构建起了齐全的产业技术能力。可以肯定地说,没有国际合作,绝不会有中国今天的发展成就。正如苏米特拉等(Soumitra 等,2016)指出的:"就在最近,日益强化的国际联系网络已经遍布于中国创新系统的各个方面——从共同学术研究到技术转移、许可、外商直接投资以及兼并收购,结果是现在中国的创新系统与其他地方的知识来源密切联系。"

中国国际科技创新合作的结构发生了巨大的变化。在国别结构方面,从新中国成立之初向苏联和东欧"一边倒",到今天的欧、美、日发达国家成为主要合作对象,特别是对美国的高度依赖;在知识结构方面,从研发机构服务于经济建设以技术学习引进为主,转向了研发机构以科学研究合作为主、企业以技术创新合作为主的分工格局,这得益于市场经济的建立和发展;在合作的角色结构方面,从合作中主要的学习者到今天的多元角色。从中心网络的角度看,中国的国际合作从边缘逐渐走进合作网络的中心,从主要的跟踪学习走上在个别学科领域实现并驾齐驱,甚至发挥领导作用,从以对国际科学技术知识的需求者为主转向需求者与供给者并存。合作中的资源供需结构方面,研发设备从借用、购买到提供。以往,中国提出合作需要,提供基础资料,外方提供设备和资金;今天,在与外国合作时,既提供合作需要、基础资料,还提供设备和资金以及合作方案。

二、国际合作中的缺陷

在前文的分析中,已经指出了国际合作中存在的一些关键性的缺陷和负面影响,本部分再强调以下几点。

重引进轻产业化。中国政府间国际科技创新合作的执行主体是政府主导下的高校和科研院所,企业参与较少。通常情况下,高校和科研院所从事跨国合作关注的是新的科学和技术知识探究,或是学习和引进对方的知识,并不在意这些知识的产业化即创新,这是研发机构特别是研究型科研机构和大学的本性使然。缺乏企业参与的国际合作使得大量被引进的技术不能及时产业化。

缺乏大数据原则。合作的领域以科技创新为主,虽然这些合作研究有助于国家中长期科技规划目标的实现,但是从国家发展战略和外交来看,还应该把合作扩展至人文社科等领域,比如开展国别全方位研究,包括这个国家的科技、资源和生态环境、经济、社会、民族和种族以及国际关系等各个方面,以最大限度地获取外国的详细知识和深度认识各国。

合作的机会主义。目前的国际科技合作是政府指导下的自主立项,受项目申请者国际关系、知识基础、研究能力和申请动机等因素的限制,这些项目中难免夸大合作对象的研究水平和项目研究成果的水平。同时,这些项目虽然达到了政府预期的科技进步目标,但并不保证符合国家更广泛的战略或外交需要,因此,还应该鼓励和支持设立更多的民间国际合作研究机构,以便与政府研究机构相辅相成。

合作中自主性不够。合作处于表层的学习和引进,对自主创新能力提升没有达到预期的目的,以至于到了今天,还是没有建立起能在全球发挥主导性的科技创新体系,无论是在传统的还是新兴的关键技术上仍然依赖外国。合作的自主性不够导致中国在一些合作中仍处于从属地位。

基础科学合作投入不足。尽管进行了几十年的基础科学研究合作,但至今中国的基础科学仍然落后于发达国家,这常常被认为是国家投入不足和政府重视不够的原因,但是没有人反思从合作中到底得到了什么;如果仅仅期望从合作中得到一些不知道的知识、发表几篇论文,而不是真正地探究科学问题并从中提高科学能力,那么这样的合作也就仅仅满足了合作者个人的某种快乐。再如,中国有充足的科技创新人才,在数量上和结构上都是其他国家无法比拟的,但是由于经费不足和设备缺乏,使之成为实施国际合作的目的,实质上这是为国外机构打工、成为他们的廉价劳动力,这样的合作在 20 世纪 90 年代及以前尤为明显。这种情况现已得到了极大的改观,国家投入经费占 GDP 比重已经很高了,甚至达到了经费用不完而被政府收回的程度,但是对国际合作中基础研究项目的投入似乎还不足。

三、研究方法的特征

现有文献总体上可以分为两类:一是中国的国际合作状况;二是外国的国际合作经验介绍和政策解读。在研究中国的国际合作情况时,常用的研究方法有:以中国的国际合作论文为样本,或者以国际合作研发项目为样本,或者以合作专利为样本,使用社会网络分析、文献计量学或者科学计量学等方法,分析科技合作的总体情况、学科分布、国别结构、演变趋势、论文的数量和质量及合作地位,而且多年来一直在重复着这样的研究。研究中使用的数据几乎都来自 ISI Web of Science 中的 SCI 数据库、SSCI 数据库、A&HCI 数据库或者专业学术期刊。在分析国外合作做法时个别文献用了比较方法,其他文献要么是政策解读、要么是经验分析。

一是偏好表层现象的总结。目前对中国国际科技创新合作的研究,存在着这样一种情况,不论用的是何种研究方法,所有的研究结论反反复复的都只是停留于指出目前中国国际科技创新合作所处的状态,包括国别、学科、质量和地位,并没有在这些发现基础上借助理论或构建理论给予进一步的分析。或者说,根据观察—规律—理论—预测的科学研究方法,现有的文献只进行到了前两个环节,即根据数据揭示了国际合作所处的状态,而没有对这种状态给予深刻的理论解释和预测或者预警。

二是案例、国别和企业研究不够。现有研究文献中,研究者偏好于对现有数据的收集和简单解读,包括国际科技合作政策、整体或某一科学领域合作论文、专利或者研发项目的数量,而案例研究不够,也缺少对中国与其他国家的国别合作研究,以及企业参与国际科技创新合作的研究。

三是难以提出深度合作政策建议。现有研究均是就事论事,就合作论合作,这样的研究思路和方法对一般合作现象的描述来说是可以的;而对于一国想要在国际合作中发挥主导作用、提高合作质量、深化合作效率或者赋予合作外交功能则显然不够。

第四章 "16+1"科技创新能力比较

欧洲是现代科学的发源地,自 16 世纪以来,涌现了许多伟大的科学家,其中有出生于波兰提出"日心说"的哥白尼(1473—1543 年),出生于波兰而在法国两次获得诺贝尔科学奖的居里夫人(1867—1934 年),出生于捷克的遗传学家孟德尔(1822—1884 年)和物理学家马赫(1838—1916 年)。至今,中东欧国家的一些科技创新优势中仍然流传着这些传统。正如科恩(1999)所说,虽然他们都对科学进步作出了伟大的贡献,但是相对于牛顿、拉瓦锡、达尔文及爱因斯坦对科学进步所做的贡献来说,并不具有革命性。根据这个简单的事实,对中东欧 16 国的科技创新地位,也许可以提出这样一个有趣的判断:一些中东欧国家的科技创新能力在国际上并不逊色,但相比于英国、德国等其他一些欧洲国家来说还是有差距。

本部分的研究使用 3 个国际机构的科技创新评估结果,比较分析 16 国的科技创新能力,同时也与中国进行比较。这 3 个国际机构及其评估工具分别是,施瓦布(Schwab)等作者历年发布的《世界竞争力报告》、苏米特拉(Soumitra)等人历年主编的《全球创新指数》和欧盟委员会历年发布的《欧盟创新记分板》。3 个国际机构评价的着眼点和使用的评估方法各有差异,在评价科技创新方面,差异来自对"创新"定义和评价指标范围的不同,《世界竞争力报告》评价的是一个经济体的经济竞争力,涉及影响一个经济体生产率的各个要素,"创新"是其中一个,简洁地使用 7 个指标来评价创新竞争力;2018 年的评价指标相比于往年有较大的调整,评价结果与往年不可比较。《全球创新指数》从非常宽泛的角度评价一个经济体的创新地位,它所设计的复杂指标体系实际上可以分为科技创新活动及其影响因素两个方面,尽管它所使用的科技创新活动指标与《世界竞争力报告》所用的指标非常相近。《欧盟创新记分板》用来评价欧盟成员国及世界几个大国的创新地位,这个评估体系使用了纯正的"创新"定义,其基础是来自奥斯陆手册和熊彼特创新理论;与前两个不同,《欧盟创新记分板》没有给评价结果以位次,而是定位于"适度创新者""中等创新者""强劲创新者"。由于3个国际机构设计的着眼点和指标体系不同,评价的结果也不同,甚至出现相反的情况。

本章的出发点是,把科技创新能力与经济发展区分开来,专门分析各国的科技创新能力,目的是把经济发展状态作为对科技创新进步以及对国际合作需要的前提,如果一国的科技创新能力不能满足其经济发展的需要,寻求国际合作是一个解决之道。同时,当一国在科技创新的某些方面有优势时,通常也会有跨国合作的愿望,其他国家也会寻求与之合作。

第一节 国际创新竞争力比较

在施瓦布等作者历年发布的《世界竞争力报告》(2008—2018年)中,科技创新能力只是评价经济体整体竞争力诸多指标中的一项。在创新竞争力位居前20名的经济体中,超过一半来自欧洲国家,它们的整体竞争力地位与创新竞争力地位基本一致[①]。在大多数年份里,16个中东欧国家中有不到一半的国家位居第21—50名,2018年评价指标调整后增加到8个,所有这些国家中多数国家的创新竞争力地位都低于国家整体竞争力(见表4-1)。

创新与生产率的关系是复杂的。假设其他条件不变,单独地衡量创新竞争力对国家经济竞争力的影响,经济学得出的一个确定结论是:一个经济体的创新竞争力与其经济竞争力正相关;当同时考虑其他条件时,这

---

① 在2018年的《全球竞争力报告》中,创新竞争力位居前20名的欧洲国家有:德国、瑞士、瑞典、英国、荷兰、芬兰、法国、丹麦、奥地利、比利时、卢森堡和挪威;整体竞争力位居前20名的欧洲国家有:德国、瑞士、荷兰、英国、瑞典、丹麦、芬兰、挪威、法国和卢森堡,另外比利时和奥地利分别居第21位和第22位。

些条件的变化或强化或抵消创新对经济竞争力的影响。2008—2017年间,在"16+1"国家,创新竞争力与经济竞争力的关系表现出多样化的情况:爱沙尼亚、立陶宛、波兰、北马其顿、阿尔巴尼亚、波黑和保加利亚的整体竞争力与创新竞争力都提高了;斯洛文尼亚、斯洛伐克、克罗地亚和黑山的整体竞争力与创新竞争力都下降了;捷克、匈牙利和塞尔维亚的经济竞争力都提高了,创新竞争力都下降了;罗马尼亚,经济竞争力没有变化,创新竞争力下降了,拉脱维亚与之相反;中国的经济竞争力增强了,创新竞争力没有变化。

表4-1　2008年和2017年经济竞争力和创新竞争力变化比较

指标　　年份　国家	经济竞争力位次		创新竞争力位次	
	2008	2017	2008	2017
爱沙尼亚	32	29	31	30
捷克	33	31	25	36
斯洛文尼亚	42	48	33	35
立陶宛	44	41	55	41
斯洛伐克	46	59	58	67
波兰	53	39	64	59
拉脱维亚	54	54	93	83
克罗地亚	61	74	50	106
匈牙利	62	60	45	62
黑山	65	77	88	91
罗马尼亚	68	68	69	96
保加利亚	76	49	96	68
塞尔维亚	85	78	70	95
北马其顿	89	68*	99	82*
波黑	107	103	128	123
阿尔巴尼亚	108	75	132	87
中国	30	27	28	28

说明:①位次按照1、2、3……由高到低排列。②"＊"表示北马其顿是2016年的位次,《世界竞争力报告》(2016年)。

资料来源:Klaus Schwab, etc., "The Global Competitiveness Report"(2008—2018), https://www.weforum.org/reports.

一、创新竞争力变化

在 2008 年,"16+1"国家的创新竞争力大致可分为 3 个档次(见图 4-1):捷克、中国、爱沙尼亚和斯洛文尼亚的创新竞争力高出其他 13 个国家,波黑和阿尔巴尼亚的竞争力最低,其他 11 个国家位于第二档次。在时间不算短的 9 年里,多数国家的变化还是比较明显的,表现在:有 11 个国家的竞争力得到了提高,4 个国家下降,其余 2 个国家几乎没有变化。位于第一档次的 4 个国家没有变化,但是捷克的创新竞争力不升反降,并被中国、爱沙尼亚和斯洛文尼亚超过;创新竞争力提升幅度最大的是阿尔巴尼亚,其次是北马其顿和立陶宛,创新竞争力降低幅度最大的是克罗地亚,这样第三档次的国家只有波黑了,尽管如此,该国的创新竞争力也明显地提高了。

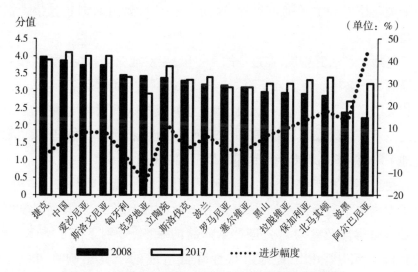

图 4-1　2008 年和 2017 年"16+1"国家创新竞争力比较

说明:①图中 2008 年和 2017 年的数据表示的是创新竞争力的得分(坐标左轴,分值在 0—4.5 分之间),坐标右轴表示的是进步幅度。②北马其顿是 2016 年的创新得分。

资料来源:Klaus Schwab, etc., "The Global Competitiveness Report"(2008–2018), https://www.weforum.org/reports。

二、创新竞争力变化原因

是什么原因导致了各国创新竞争力的变化呢？在《世界竞争力报告》中,把创新竞争力的来源分解为 7 项,分别是创新能力、科研机构质量、企业研发支出、大学—产业研发合作、政府对先进技术产品的采购、科学家和工程师可得性以及 PCT 专利申请量。比较这 7 个方面在近十年里的变化,可以找出各国创新竞争力变化原因(见图 4-2)。

总体上看,在 2008—2017 年的 9 年间,阿尔巴尼亚的创新竞争力之所以大幅度增强,是由于这 7 个方面都得到了提高,其中增幅最大的是政府对先进技术产品的采购,比 2008 年增加了 7 成;作为可能的因果关系,国家的创新能力、企业的研发支出和大学—产业界的合作都得以显著地提高;尽管也有所提高,但是提高幅度不大的两项是科研机构质量及科学家和工程师可得性,这两方面是妨碍国家创新竞争力提升的短板。

与阿尔巴尼亚相反,在过去的 9 年里,克罗地亚创新竞争力大幅下降的原因在于各项指标全面下降,其中下降幅度最大的是创新能力,与此密切相关的是大学—产业研发合作和企业研发投入的大幅度减少,政府对先进技术产品的采购、科学家和工程师可得性以及科研机构质量也都明显地下降,只有 PCT 专利申请量下降的幅度较小。

在过去的 9 年里,捷克的创新竞争力地位呈现下降趋势,其中除了 PCT 专利申请量有所增加外,其余各方面也都下降了,尤其是科学家和工程师可得性及政府对先进技术产品的采购,分别下降了 562.5% 和 173.1%。科学家和工程师可得性降低造成的不良影响将可能是长期的。

在 2008—2017 年间,爱沙尼亚的创新竞争力表现为微弱提高趋势,在 7 项指标中,政府对先进技术产品采购下降的幅度特别大,其次是大学与产业界的研发合作降低了,其他几个方面虽然都有不同程度的提升,但总体幅度不大,说明其创新竞争力进步缓慢。

在过去的 9 年里,匈牙利创新竞争力经历了先上升后下降的过程,下降主要是由于大学与产业合作研发减少了,其次是创新能力大幅度下降,科学家和工程师可得性以及科研机构质量下降,政府对先进技术产品的采购和 PCT 专利申请有幅度不大的提升,企业研发支出没有变化。

在 2008—2017 年的大多数年份里,拉脱维亚创新竞争力都是在提高,得益于科研机构质量、PCT 专利申请量、创新能力、科学家和工程师可得性以及企业研发支出等 5 个方面的提高,只是后两项略微提高。大学—产业合作及政府对先进技术产品的采购有所下降。

9 年间,立陶宛的创新竞争力进步幅度比较大,除了政府对先进技术产品采购一项下降外,其他各方面都相对均衡地提高了,其中创新能力、大学—产业研发合作及 PCT 专利申请量最突出。

在近 10 年里,黑山的创新竞争力也得以提升,尽管提升的幅度没有立陶宛等国的幅度大,不过最近两年又下降了。PCT 专利申请量、创新能力和科研机构质量都有明显的提升,政府对先进技术产品的采购增加的幅度比较小。大学—产业研发合作及科学家和工程师可得性有幅度不小的下降,企业研发支出略有下降。

2008—2017 年间,波兰创新竞争力也呈缓慢提高趋势,得益于科学家和工程师可得性、PCT 专利申请量和企业研发支出的增加以及科研机构质量的提高,但是政府对先进技术产品的采购下降幅度比较大,创新能力和大学—产业研发合作略有下降。

同期,罗马尼亚的创新竞争力呈下降趋势,7 个指标中有 5 个都下降了,其中创新能力、政府对先进技术产品的采购和企业研发支出下降幅度较大,大学—产业研发合作及科学家和工程师可得性也有明显的下降。该国的科研机构质量有明显的提高,PCT 专利申请量只有微小的提高。

塞尔维亚的创新竞争力在过去的 9 年里也趋于下降(受分值四舍五入影响在图 4-2 中显示的是不变),只有科研机构质量和 PCT 专利申请量提高了,其他各方面都下降了,特别是大学—产业研发合作及科学家和工程师可得性,其次是创新能力和政府对先进技术产品的采购。

斯洛伐克的创新竞争力也有所下降,与塞尔维亚相似,引发下降的最突出因素是科学家和工程师可得性的大幅度下降,企业研发支出和大学—产业研发合作也有下降,其他方面提升的幅度都不是很大。

斯洛文尼亚竞争力的下降是由于创新能力下降以及大学—产业研发合作、政府对先进技术产品的采购和企业研发支出的减少,科研机构质量几乎不变,但科学家和工程师可得性及PCT专利申请量有所提高。

在过去的9年里,中国创新竞争力有所提高,得益于政府对先进技术产品的采购、科学家和工程师可得性、PCT专利申请量的显著提高,以及企业研发支出和科研机构质量幅度不大的提高。与这些国家相比,中国在PCT专利申请量上最有领先优势,人才领先优势不突出,政府采购略有逊色,而在其他方面都没有优势。

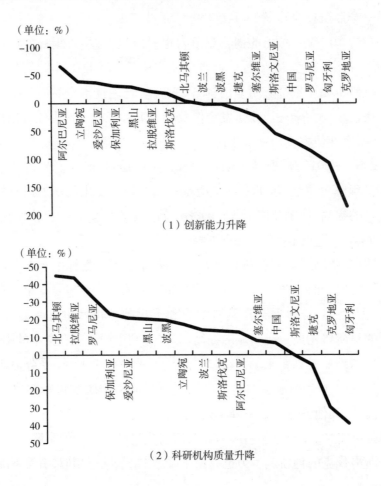

（1）创新能力升降

（2）科研机构质量升降

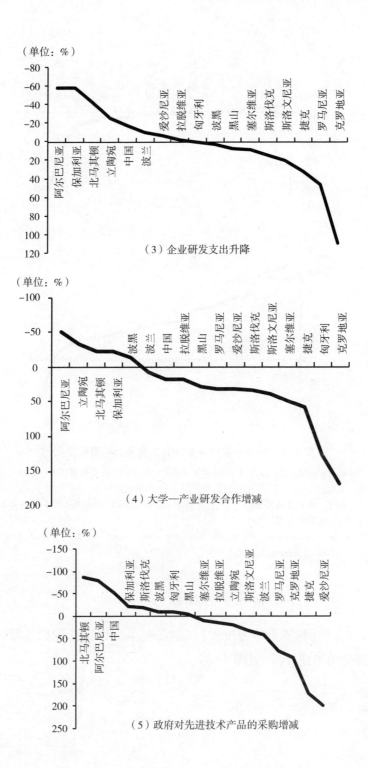

（单位：%）

（3）企业研发支出升降

（单位：%）

（4）大学—产业研发合作增减

（单位：%）

（5）政府对先进技术产品的采购增减

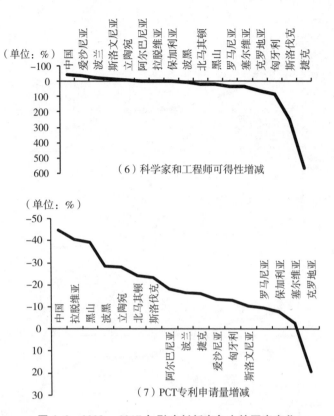

（6）科学家和工程师可得性增减

（7）PCT专利申请量增减

图 4-2　2008—2017 年影响创新竞争力的因素变化

说明：每个国家对应的坐标值表示在 9 年间竞争力升降的幅度。本图是根据各个国家在相应指标中的名次变化制作的（先对名次百分化，而后用 2017 年的名次减去 2008 年的名次，再计算变化幅度）；由于位次是从高到低（1、2、3……）排序的，所以图中的负数值表明在相应指标上进步了，位次高，正数值表明退步了。

资料来源：Klaus Schwab, etc., "The Global Competitiveness Report"（2008 - 2018），https://www.weforum.org/reports。

三、2018 年创新竞争力比较

2018 年的《世界竞争力报告》对创新竞争力评价指标做了较大的调整，这部分做单独分析（见图 4-3）。

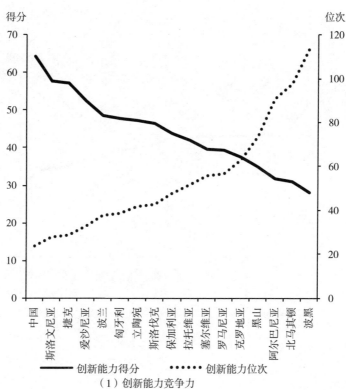

（1）创新能力竞争力

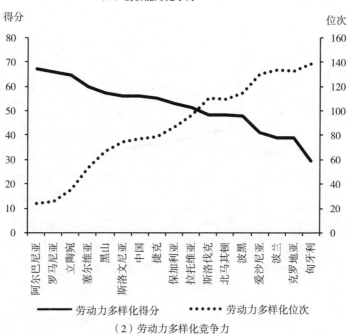

（2）劳动力多样化竞争力

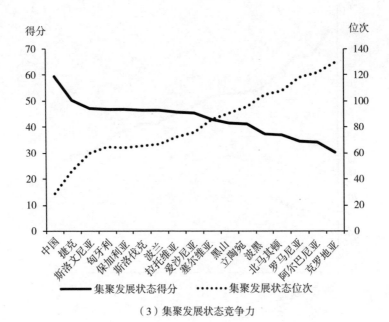

（3）集聚发展状态竞争力

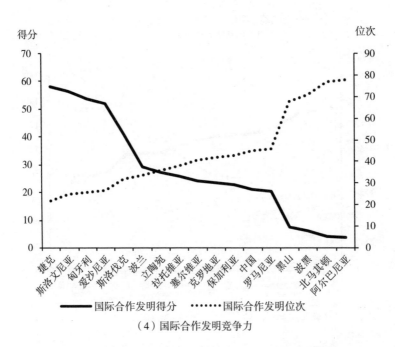

（4）国际合作发明竞争力

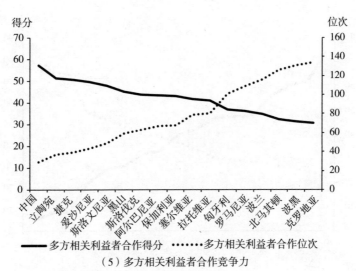

（5）多方相关利益者合作竞争力

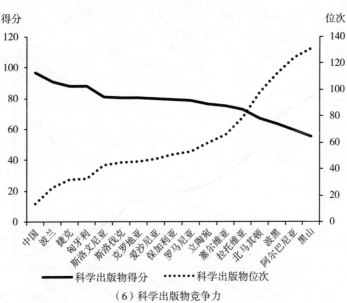

（6）科学出版物竞争力

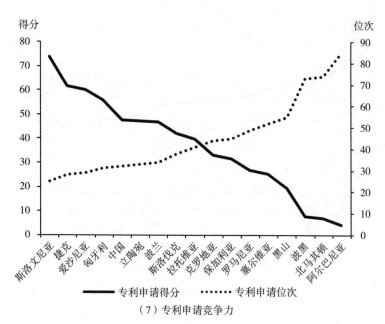

（7）专利申请竞争力

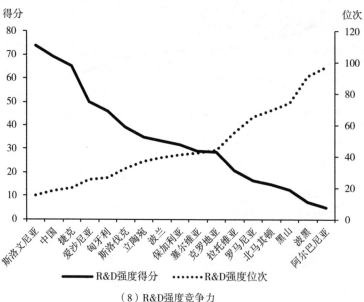

（8）R&D强度竞争力

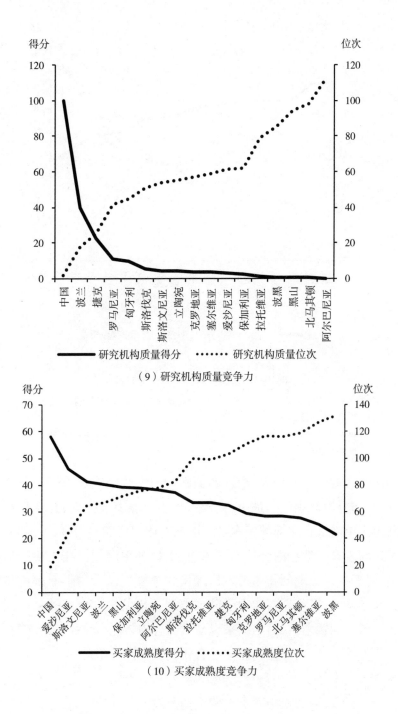

（9）研究机构质量竞争力

（10）买家成熟度竞争力

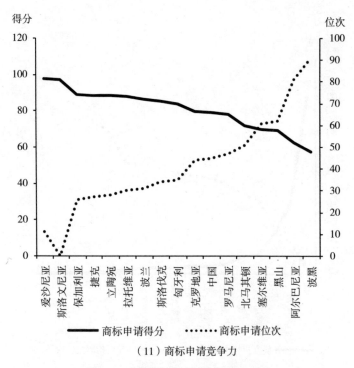

（11）商标申请竞争力

图 4-3　各国创新竞争力及影响因素

说明：①创新能力中的各项指标按 100 计算，得分越高竞争力越强；位次是指各经济体在 140 个经济
　　　体中的位次，从高到低（1、2、3……）排序。

资料来源：Klaus Schwab, etc., "The Global Competitiveness Report"（2008-2018），https://www.
　　　weforum.org/reports。

　　保持着近几年的趋势，中国的创新能力继续领先于 16 国，斯洛文尼亚、捷克和爱沙尼亚依然是 16 个国家中创新能力最强者，并且分别是中东欧地区中南部和北部的领先者。单就整体创新能力而言，中国与 16 个国家之间就有着潜在的合作与交流机会，比如中国创新能力快速提高的经验，对那些期望把创新作为本国经济快速发展动力的国家来说是值得研究和借鉴的，那些创新能力下降或停滞不前的国家也能够从中国经验中找到解决问题之道，对中国来说虽然综合创新能力快速提升，但在某些方面依然落后，可在与这些国家的合作交流中弥补不足。

　　人力资本是研发报酬递增的源泉。人力资本的积累内生于经济系统，且有助于解释增长中除资本和劳动力投入之外的剩余，当内生增长理论把技术进步当作增长的内生源泉时,人力资本就是研发生产的最重要因素。劳动力多样化是激发科技进步和创新的一个源泉,在这个方面,有6个国家强于中国,这一点可能揭示了:无论一个国家人口多少,如果能够培养出多元化的劳动力或人力资本,必将促进科技创新和经济发展;另一方面,尽管中国拥有世界上最多的劳动力数量,但是其潜在的结构性优势并没有发挥出来。

集聚是创新的一个来源,创新也会产生集聚效应,集聚的网络化、专业化、低成本合作、进出容易和资源流动性等特征对创新有特别的引导作用。中国的集聚发展程度明显地优于其他16国①,这一点近年来也常常被当作中国经济快速发展的一个基本经验。相关政府部门实施"一带一路"倡议和专项科技创新合作规划时,共建园区经济(包括科技园区)是实现集聚经济的一个主要措施。

如前文强调的,国际合作对促进科技创新非常重要,然而当中国与这些国家比较时发现,中国的国际合作程度还有很大的差距(在专利申请和商标申请方面也是如此)。2017年,中国成为通过世界知识产权组织申请国际专利的第二大来源国,反映了在中国经济转型过程中,发明者日益提高他们的国际视野,以便把创新扩展到新市场,这其中包括了合作发明专利。中国的国际合作发明占比较低源于人口规模,即使合作专利的绝对数量很多,一旦与人口规模比较还是很少,中国仍然需要扩大和深化国际科技创新合作、激励更多的发明创造和创新创业。

创新是多元要素结合的结果,反映了多种能力的互补,其中每个短板的存在都会产生制约作用。在《世界竞争力报告》往年的评价中,只使用大学—产业研发合作指标来评价创新结合,这个狭隘的指标并不能揭示合作的真实情景,比如根据这个指标中国没有多大优势,事实上,多年来中国政府、学术界和企业界都一直强调产学研合作。2018年用了多元相关利益者合作指标,扩大了合作者的范围,就把中国的创新优势凸显出

① 中国集聚发展主要表现于各类园区,如经济特区、经济技术开发区、科技园区、高新技术开发区等等。

来了。

科学是技术进步的源泉,正如科恩(1999)指出的,科学革命实际附带的成果是技术革新;如果没有某些基础科学的进步,一些技术创新便不会出现。科学进步在大多数的时间里表现于渐进的知识积累,科学出版物数量的增加反映了这一趋势。包括前文所引述的相关研究在内的多个研究以及在上述分析中国科技创新国际合作历史演变中得出的结论都揭示了近十余年来中国科学出版物数量激增,其中包括与中东欧国家的合作出版物,这是中国技术及创新进步的巨大潜力,以国际合作促进科学进步仍是未来努力的方向。

足够的 R&D 支出是促进科技进步和创新的必要条件,大规模的财政支持能够加快基础研究、技术开发和创新的速度并提高研发质量。中国近年来取得的科技创新成就(高质量的研究机构也是一方面)在很大程度上得益于日益增多的政府和企业投入。巨额的投入规模必定产生强大的外部效应,激励国际合作。在 20 世纪 80 年代,中国的研发机构与国外合作的一个目的是利用合作者的资金和设备,今天已经不是主要问题了,同时也成为吸引国际合作的一个优势;大多数中东欧国家的研发投入强度都是一个劣势,尤其是研发机构的质量与中国差距甚大。与大规模研发投入产生的研发资本深化的另一个问题是,必须最大化地发挥这些高级化和现代化的研究基础设施的潜在生产率(包括分摊昂贵设备的成本),如果没有足够的研发项目则必然出现无效率,跨国合作是一个解决方案。

和技术推动的创新一样,成熟的消费需求也是创新活动及其绩效的影响因素,创新是否成功的一个判断标准是在多大程度上满足了买家的需求,从这个角度看,消费者的成熟度对国际技术开发和创新合作的影响应该会更大。随着国民收入水平的提高和国内国际消费经验的积累,中国买家的成熟度明显高于 16 国,双方以合作开发中国市场或对方市场时应当考虑这个因素。

从上述中国与中东欧 16 国的科技创新能力比较看出,中国的整体优势和大多数方面的优势都比较突出,蕴含着巨大的合作机会和效益。在双、多边合作中,中国应该充分发挥这些优势,借鉴对方的优势,在合作中达到提升各方的能力、绩效和弥补劣势。

第二节 全球创新中的位次变化

欧洲是世界上科技创新能力最集中的一个地方,在苏米特拉等人主编的《全球创新指数》对各经济体创新能力的排名中,位于前 20 名的经济体中有超过一半的经济体来自欧洲,它们也都是欧洲的主要经济体①。现代科学和现代经济都起源于欧洲,那些耳熟能详的伟大科学家、发明家和杰出的企业家不少都出生于欧洲,令无数科学家向往的诺贝尔科学奖也创建于欧洲,尽管 20 世纪中期世界的科学、技术和创新中心转移到了美国,但是时至今日,这些国家已经保持了 500 多年的世界领先能力就已经是奇迹了;令人奇怪的是,邻近这些领先国家的中东欧 16 国的科技创新能力却一直较低。

在《全球创新指数》对 100 多个经济体创新地位的历年评价中,中东欧 16 个国家中大约有 2/3 的国家居第 21—50 位之间,其余的国家排名更靠后了;中国的位次相对较高且上升较快,2018 年居于第 17 位,这是过去 10 年来的最高点。

一、10 年的变化趋势

在 2008—2018 年的《全球创新指数》排名中,中国与中东欧 16 个国家中的大多数在创新能力上都取得了进步,一些国家的进步更大,明显提高了在全球创新的地位。2008 年,中东欧 16 个国家中,只有 6 个国家居前 50 位;2018 年,有 11 个国家居前 50 位,其他 5 个国家的位次也都有不同程度的提高(见图 4-4)。

在过去的 10 年里,中东欧 16 个国家中的多数国家在最初的几年里创新位次快速提升,而后要么稳定地上升,如保加利亚、捷克、爱沙尼亚、

---

① 分别是瑞士、荷兰、瑞典、英国、芬兰、丹麦、德国、爱尔兰、卢森堡、法国、挪威。

立陶宛；要么在波动中上升，如波兰、罗马尼亚、克罗地亚；诸如波黑、匈牙利、北马其顿、黑山、罗马尼亚、塞尔维亚的位次都在剧烈波动中或升或降；创新位次较高的斯洛伐克、斯洛文尼亚和拉脱维亚呈现缓慢下降趋势。而在后面几年里，有 10 个国家的创新效率都趋于下降，有 4 个国家的创新效率波动幅度较大。中国的排名由第 37 位快速地上升到第 17 位，但是自 2012 年以来，创新效率却呈现下降趋势。

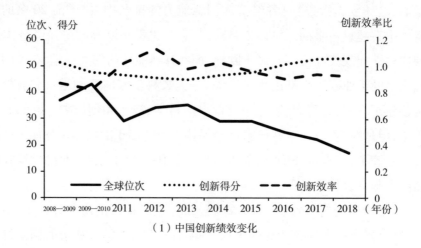

（1）中国创新绩效变化

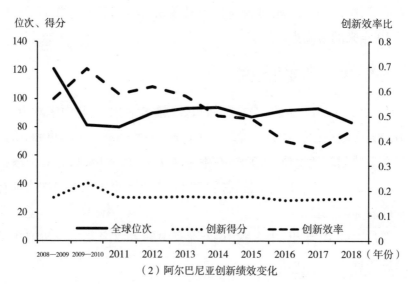

（2）阿尔巴尼亚创新绩效变化

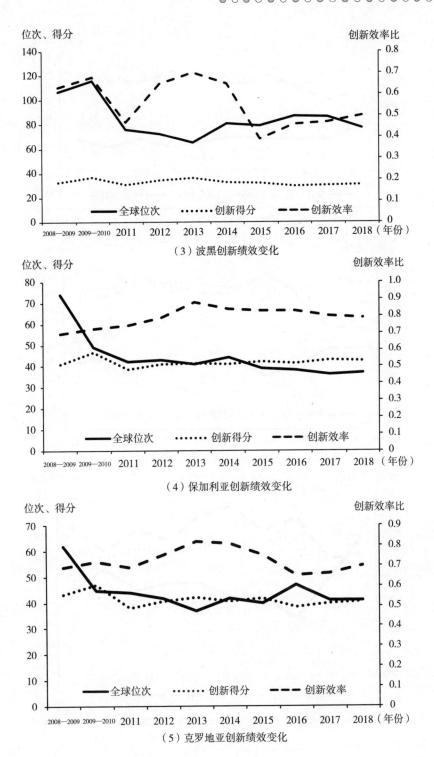

（3）波黑创新绩效变化

（4）保加利亚创新绩效变化

（5）克罗地亚创新绩效变化

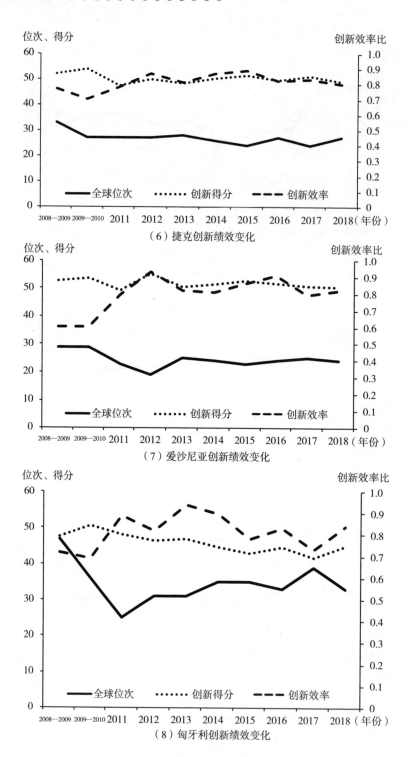

（6）捷克创新绩效变化

（7）爱沙尼亚创新绩效变化

（8）匈牙利创新绩效变化

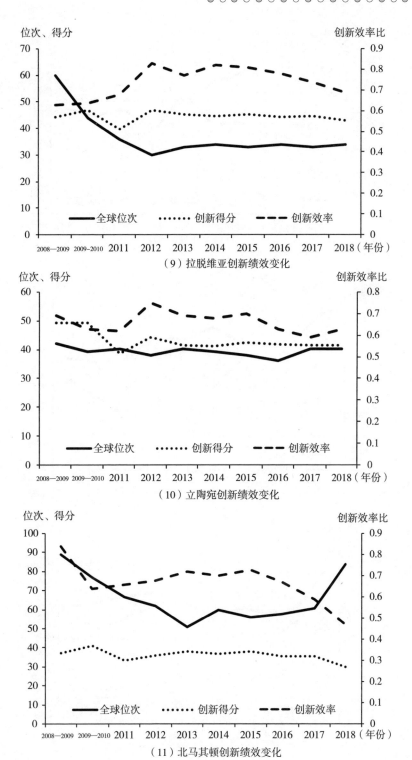

（9）拉脱维亚创新绩效变化

（10）立陶宛创新绩效变化

（11）北马其顿创新绩效变化

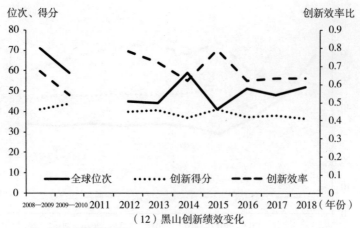

（12）黑山创新绩效变化

注：2011年数据缺失。

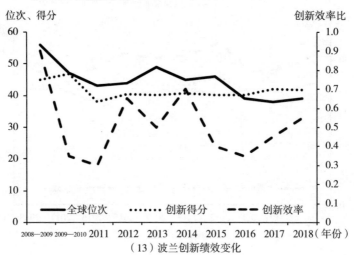

（13）波兰创新绩效变化

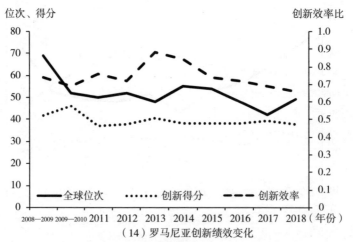

（14）罗马尼亚创新绩效变化

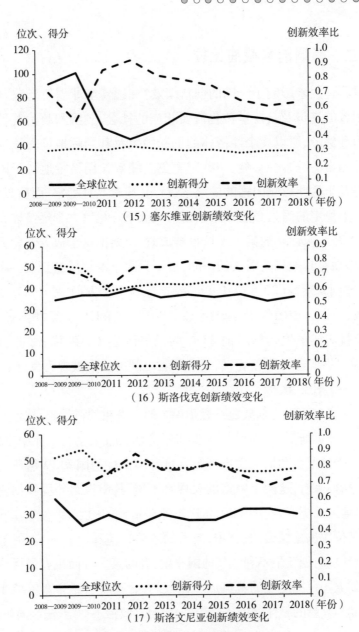

（15）塞尔维亚创新绩效变化

（16）斯洛伐克创新绩效变化

（17）斯洛文尼亚创新绩效变化

图 4-4　各国创新绩效的变化趋势

说明：《全球创新指数》对各经济体的创新排位时，得分从高到低的位次依次是 1、2、3……在创新得分中，最高分是 100 分，其中 2008—2009 年的最高分数是 7 分，换算为 100 分。创新效率比是创新产出得分/创新投入得分的比值。

资料来源：Soumitra Dutta、Bruno Lanvin、Sacha Wunsch-Vincent, etc., "The Global Innovation Index"（2008-2018），https://www.wipo.int/publications/en/details.jsp? id=4330。

二、影响因素截面比较

是哪些因素影响了一国的创新绩效？根据《全球创新指数》的思路，知识领域的进步及其技术转化需要相应的社会、经济和政治等投入提供的动力和保障，所以一个经济体的创新绩效及其国际地位受该经济体内部多种因素的综合性影响，一些国家创新绩效长期稳定地居于国际领先地位得益于这些影响因素的健全、数量足、质量高且稳定，而质量低、数量不足且不稳定的因素必然导致创新绩效低下。尽管一个经济体在基础研究、技术开发或创新的某一领域很有成效，但要把这个成效转化为经济力量，则必须有其他相关因素的协同，否则只限于本领域的意义。本部分依据《全球创新指数（2018）》中第三级指标的 7 个方面，给予 17 个国家横向比较，特别是中国与 16 国的比较。2018 年有 126 个经济体参与排名，把综合排名或单项指标居前 25 位的经济体定义为最优者；把名次在第 75 位及以后的称为最差者，居于这两者之间的位次被视为良好者。

（一）制度环境

一个良好的制度框架能够激励现有的和潜在的科学家、技术专家和创新者的科技创新活动，为科技进步和经济增长带来动力。在中东欧 16 个国家中，爱沙尼亚和斯洛文尼亚是制度环境最优的国家，从衡量制度环境的各项指标来看，这两个国家的表现都不错，其中规制环境和创业环境相对于其他方面更好。波黑和阿尔巴尼亚是最差的国家，即使在 126 个经济体中，其位次也是靠后的；其中，波黑的政治环境和商业环境、阿尔巴尼亚的规制环境对创新最不利。其他国家中，有的某些方面也有最优或最差表现，比如立陶宛和捷克的裁员成本比较高，而罗马尼亚和塞尔维亚的成本最低；北马其顿的整体制度环境较好，但是其政治不稳定、法制质量低。

（二）人力资本与研究

人才和研发被认为是科技创新活动中的关键因素。在这些中东欧国家中，斯洛文尼亚在这方面是最优的，不仅其他 15 个国家与之相比差距明显，而且从国际上看优势也比较突出。捷克、爱沙尼亚和波黑弱于斯洛文尼亚，明显好于其他国家，但是波黑的优势主要来自中等教育，在高等教育和研发方面最差。阿尔巴尼亚和北马其顿是最没有优势的两个国家,突出表现为高等教育质量低和研发投入水平低。除了这两个国家外,其他11个国家相差不大。在其余国家中,比如罗马尼亚虽然人力资本与研究的总体位次属于中等水平,但其高等教育优势明显;黑山的研发能力属于最差的。

在人力资本和研发方面,中国略高于斯洛文尼亚,中国的研发投入水平和全球性研发公司不仅与这些国家相比是最高的,与国际上其他国家相比优势也非常明显,尤其是研发性公司表现最突出。中国领先大学的质量在世界大学排名中表现突出,但高等教育的整体水平不高,与这些中东欧国家(克罗地亚除外)相比差距较大,其中的一个原因是外国留学生较少。从经验来看,这些留学生的质量也不高,他们大多来自发展中国家和最不发达国家,发达国家的留学生比较少。

(三)基础设施

在中东欧16个国家中,爱沙尼亚的基础设施是最好的,波黑和北马其顿最差,捷克、立陶宛、克罗地亚、斯洛文尼亚和斯洛伐克相对较好,其他国家差别不大。在基础设施包括的3项指标中,除波黑外,其他中东欧国家的生态可持续性最优,其次是信息通信技术,而普通基础设施最差(捷克除外)。在信息通信技术方面,除了爱沙尼亚最有优势外,其余国家可分为2个层次,比较差的有波黑、阿尔巴尼亚、罗马尼亚、斯洛伐克、北马其顿、拉脱维亚和捷克,这些国家的水平处于126个经济体中的中等偏下水平,其他几个国家的位次都比较高;在普通基础设施方面,捷克最优,北马其顿和波黑不仅是中东欧国家中最差的,也是世界上最差的,其他的国家如塞尔维亚、克罗地亚、阿尔巴尼亚和立陶宛等也都比较差;在生态可持续性方面,有9个国家都是世界上最优的,特别是罗马尼亚、斯洛伐克和爱沙尼亚,最差的依然是波黑,其次是黑山和塞尔维亚,但它们也都居于世界中等以上水平。

中国与这些国家相比,整体上好于所有其他国家,在个别领域较弱。比如,在基础设施的3个指标中,中国拥有世界一流的普通基础设施;生态可持续性方面,除了好于波黑外,与其他国家相差远;在信息通信技术领域弱于7个国家。

（四）市场成熟度

开放竞争的市场是激励创新的必要条件。中东欧国家转轨的一个目标是实行市场经济,时至今日虽然取得了很大的进步,但是多数国家的市场发育成熟度仍然较低,诸如塞尔维亚、黑山、匈牙利、波黑、罗马尼亚和克罗地亚等11个国家的市场发育水平都是最低的。表现在获得信用的难度大、市场化的资本及地方竞争强度都比较弱,还有一个硬伤,就是除波兰外,其他国家的市场规模都非常小;只有拉脱维亚的市场成熟度最优。

与这些国家相比,中国的市场发育程度与拉脱维亚相同,远高于绝大多数的中东欧国家。毫无疑问,中国最有优势的是市场规模,这是包括中东欧国家在内的任何其他国家都无法比肩的;对私营部门的授信方面也显著地好于其他国家。但是,在获得信用的容易程度、小额信贷总额占GDP比重、对少数投资者的保护以及使用的关税税率等方面,与其中的一些国家相比还有较大的差距。

（五）商业成熟度

企业是最直接的创新活动者,在中国,企业被认为是创新的主体,企业能在多大程度上挖掘和利用创新资源的能力是一国商业成熟度的反映。

与中国相比,所有中东欧16国在这方面都不具有优势,与中国相差太远,其中有13个国家在世界上处于中等偏上的水平,其余国家(北马其顿、阿尔巴尼亚和塞尔维亚)则更差。一些国家在某一方面拥有优势的是,斯洛文尼亚的知识型工人、匈牙利和捷克的知识吸收能力以及保加利亚的创新链接。

中国最优的商业成熟度得益于知识工人和知识吸收(引进外部知识),而在创新链接方面不仅与多数中东欧国家相比有差距,与世界上其他国家相比亦如此,主要原因是来自海外的研发总支出占比较少。单从商业成熟度方面看,可以部分解释中国企业很少在中东欧国家投资技术创新而更愿意贸易的原因。从另一方面看,根据前文的相关理论,企业从事跨国研发投资的一个理由是自身创新能力的延伸,而中国不少企业缺乏的正是自主创新能力,企业和高质量知识型工人主要的努力还是用在引进或模仿创新。

（六）知识和技术产出

知识和技术产出反映了一国科学研究和技术开发的成果及其收益。在中东欧 16 个国家中，只有匈牙利和捷克不仅在本地区而且在世界上都拥有显著的优势，其次是保加利亚、爱沙尼亚、斯洛伐克和斯洛文尼亚，阿尔巴尼亚、黑山和波黑不仅是本地区也是世界上最差的国家，其余国家在世界上处于中等及偏上的水平。

知识和技术产出包括知识创造、知识影响和知识扩散三项指标。各国知识创造能力差异极大，其中捷克最有优势，其次是斯洛文尼亚，阿尔巴尼亚最差。在知识影响方面的各项指标中拥有突出优势的国家分别是保加利亚、罗马尼亚、斯洛伐克、捷克、爱沙尼亚和匈牙利，最差的是阿尔巴尼亚和黑山。在知识扩散方面最有优势的国家是匈牙利，其余各国都与之差距较大，主要得益于该国的对外直接投资和高技术出口。

中国在知识和技术产出方面居国际第 5 位，这令 16 国难以比肩，但在更具体的方面并非每一项都胜过别国。比如，在科学和技术出版物、ISO 9001 质量认证、国际产权收益、ICT 服务出口以及对外直接投资等方面都是比较弱的。

（七）创意产出

创意是创新的源泉。爱沙尼亚、斯洛文尼亚、拉脱维亚和捷克是创意产出方面最有优势的国家。爱沙尼亚、斯洛文尼亚和保加利亚在无形资产方面，拉脱维亚、爱沙尼亚、克罗地亚、捷克、斯洛伐克和斯洛文尼亚在创意产品和服务方面，爱沙尼亚、斯洛文尼亚、立陶宛在在线创意方面最有优势。

与这些国家相比，中国在无形资产方面最有优势，在世界上也最有优势；在创意产品和服务方面，中国弱于 7 个国家；而在在线创意方面，中国是世界上最弱的国家之一，与这些中东欧国家相距甚远。

三、影响因素纵向比较

自创建以来，世界知识产权组织等机构每个年度都在尽力完善创新评价的指标体系和规范性，因此第三级指标前后差别较大，其中近 6 年

(2012—2018年)的指标结构接近,本部分以此比较分析各国的纵向变化。

(一)制度环境

过去的6年里,"16+1"国家中,制度趋于改善的国家有,阿尔巴尼亚、塞尔维亚、捷克和斯洛文尼亚,其中后面两个国家以及斯洛伐克、波兰、拉脱维亚、爱沙尼亚等国的制度环境一直比较好。

制度包括政治环境、规制环境和商业环境三方面。在政治环境方面,除拉脱维亚的政治稳定外,其余国家中有5个国家趋于改善,10个国家趋于恶化。但是,不论政治环境是趋于改善还是恶化,并不表明在更具体方面即政治稳定和政府效率上也有相同的趋势,事实上二者表现出非常复杂的关系,有的国家政治稳定程度趋于恶化,但其政府效率趋于提高,而有的正相反或都不稳定等等。在规制环境方面,有9个国家趋于改善或稳定,其余国家要么不稳定、要么趋于恶化。在商业环境方面,有7个国家的商业环境趋于改善,其他国家趋于恶化或者不稳定;北马其顿和波兰在制度环境趋于恶化条件下,创业难度更是越来越大,而制度环境趋于改善的斯洛文尼亚,创业难度也是越来越大。

与这些国家相比,中国的制度环境虽然不完善,但是一直处于改善状态且进步幅度最大。最突出的改善是创业障碍越来越少,但规制质量依然较差。

(二)人力资本和研究

在这个方面,阿尔巴尼亚、北马其顿和罗马尼亚是最差的国家,前两国趋于恶化,但后者呈明显改善趋势;斯洛文尼亚是最优的国家,但近几年趋于恶化;其余国家都因趋于改善而比较好。

在高等教育方面,有9个国家都是趋于改善的,其中波兰和罗马尼亚改善的幅度最大;有6个国家的教育趋于恶化,另有一个国家波动较大;高等教育中的科学与工程毕业生方面,诸如波黑、爱沙尼亚、匈牙利、拉脱维亚和波兰都有大幅度的增加,尽管各国的基础不同,而北马其顿却大幅度地趋于降低;有4个国家趋于改善,而其余国家出现降低。

在25—64岁以及在25—34岁年龄段中,立陶宛、波兰、爱沙尼亚、拉脱维亚、斯洛文尼亚、斯洛伐克、捷克和匈牙利等国拥有本科及以上科学和工程学位的人数占比远远超过中国(美国科学基金会,2018)。

研发(R&D)方面,有11个国家的研发水平较高且趋于改善或比较稳定,捷克的整体水平虽高但趋于降低,其余国家的研发水平较低或最低,其中罗马尼亚、波黑和保加利亚趋于改善、黑山和阿尔巴尼亚趋于下降。从比较各国的研发人员与总研发支出中看出,像阿尔巴尼亚和罗马尼亚,研究人员数量趋于减少,研发支出趋于增加;有的国家像波黑、捷克、匈牙利等,研究人员保持稳定,总研发支出趋于降低;有的国家比如保加利亚,研究人员趋于增加,研发支出不稳定;有些国家的研究人员数和研发支出都趋于减少。除捷克外,其余国家的全球性研发公司的平均支出都趋于增加。

中国在人力资本与研究上是最优且趋于改善的国家。研发人员数量趋于减少是一个值得重视的问题,一些国家如美国、欧盟等在分析中国的研发力量时,常常把每年大规模的理工科毕业生数量看作巨大的优势,然而在过去6年里研发人员数量趋于减少,一个可能的原因是不少毕业生并没有继续留在所学的学科领域里从事研发,而是到其他行业就业了。

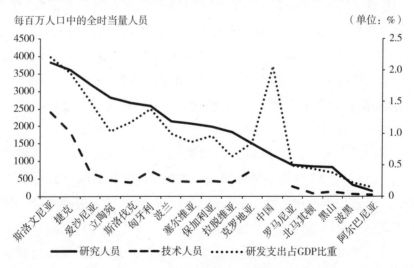

图4-5 2005—2015年"16+1"国家的科技人员和研发支出比较

说明:左坐标轴表示研究人员和技术人员数量,以全时当量人员表示;右坐标轴表示研发支出占GDP比重。

资料来源:Soumitra Dutta、Bruno Lanvin、Sacha Wunsch-Vincent, etc.,"The Global Innovation Index"(2008-2018),https://www.wipo.int/publications/en/details.jsp? id=4330。

（三）基础设施

总体来看，波黑和北马其顿的基础设施是最差的，其次是阿尔巴尼亚、黑山、塞尔维亚，其余国家的都比较好。

基础设施包括信息和通信技术（ICTs）、一般基础设施和生态可持续性三个方面，ICTs设施中，匈牙利、拉脱维亚、罗马尼亚和斯洛伐克的趋于恶化，其余国家都趋于改善，尽管部分国家的基础较差，其中塞尔维亚的ICTs设施得到大幅度的改善；在普通基础设施方面，克罗地亚、捷克、立陶宛、北马其顿、罗马尼亚和斯洛伐克等国家或最优或较好或较差，但是都趋于改善，其余国家都趋于恶化；奇怪的是这些国家在生态可持续性方面，除了阿尔巴尼亚、罗马尼亚和斯洛伐克3国趋于改善或稳定外，其余各国都趋于恶化。中国在基础设施中的信息和通信技术方面进步幅度较大，普通基础设施是国际上最好的，但是生态可持续性最差。

（四）市场成熟度

市场成熟度最差的国家有波黑、克罗地亚、匈牙利、罗马尼亚、塞尔维亚和斯洛文尼亚，在这个状态中，波黑和罗马尼亚仍然趋于恶化，克罗地亚和匈牙利的成熟度不稳定，其余两个国家趋于改善或稳定。阿尔巴尼亚、捷克和波兰的市场成熟度较高，但仍趋于恶化。保加利亚和北马其顿的市场成熟度比较差，也不稳定。拉脱维亚和黑山的市场成熟度都比较好，但是前者趋于改善，后者趋于恶化。立陶宛和爱沙尼亚虽然较好，但是波动幅度较大。只有斯洛伐克在较高的水平上保持稳定。

市场成熟度包括信贷、投资与贸易、竞争和市场规模3个方面，阿尔巴尼亚、波黑等11个国家的信贷趋于恶化，尽管有的国家较好、有的较差；波兰、塞尔维亚和斯洛文尼亚的信贷在最差水平上保持稳定；爱沙尼亚和斯洛伐克的信贷较好并且稳定。

在投资方面，阿尔巴尼亚是最好的且在持续改善，诸如保加利亚、匈牙利、拉脱维亚等7国都趋于改善，捷克、爱沙尼亚等国趋于恶化，波黑、克罗地亚、立陶宛和斯洛文尼亚的波动幅度较大、时好时坏，波兰和罗马尼亚在最差状态上保持稳定。

在贸易、竞争和市场规模方面，阿尔巴尼亚最差但趋于改善，波黑最差且不稳定,塞尔维亚在最差的水平上保持稳定;克罗地亚、匈牙利、北马其顿和黑山都是比较差或最差的,并且又趋于恶化;保加利亚、爱沙尼亚和拉脱维亚虽然较差但保持稳定;捷克、立陶宛、波兰、斯洛伐克和斯洛文尼亚在较好或最优的水平上保持稳定;只有罗马尼亚在较好的程度上保持改善。

中国的市场成熟度居于最优之列,主要得益于世界最大的市场规模,其他国家都难以比肩,中东欧16个国家中只有波兰的市场规模最大,但与中国仍相距较远。不过,中国的关税水平远高于16国,这些国家中的大多数国家的关税税率都是最低的,只是在最低水平上有的国家继续降低,有的趋于提高。

(五)商业成熟度

北马其顿和黑山的商业成熟度趋于恶化,尽管前者比较差,后者较好;捷克、爱沙尼亚、匈牙利和斯洛文尼亚都是在最成熟或比较成熟的层面保持稳定的国家;其余10个国家的商业成熟度都趋于改善,无论它们是处于最好的还是最差的水平。

商业成熟度包括知识工人、创新连接和知识吸收3个方面。在知识工人方面,只有捷克在比较好的基础上趋于恶化,克罗地亚、爱沙尼亚、匈牙利和立陶宛在比较好的层面上保持稳定,其余国家不论基础好坏都趋于改善。克罗地亚、北马其顿和黑山在创新连接方面本来就是最差和比较差的,但都呈继续变差的趋势;匈牙利、拉脱维亚和斯洛文尼亚都保持稳定状态,只是匈牙利处于比较差的水平上,后两国的水平较高;爱沙尼亚的创新连接虽然做得较好,但是波动幅度较大;其余各国都处于继续改善的趋势。知识吸收反映了对外部知识的引入,塞尔维亚的知识吸收在比较差的水平上,趋于最差状态;阿尔巴尼亚、波黑、捷克和斯洛文尼亚4国中,前两国在最差的程度上仍保持现状,后两国在最好或较好的水平上保持现状;匈牙利虽在最高水平上,但是波动幅度比较大;其余各国不论是处于最好还是最差的水平,都在持续改善中。

在更具体的指标上,有的与上述2个层面保持一致或相反,其中一些国家在某些指标上变化是比较大的,比如拉脱维亚在商业企业实施和资助的研发方面都明显改善了,黑山在这两方面趋于更差。阿尔巴尼亚、保加利亚和罗马尼亚在大学—产业研发合作上都得以明显或大幅度的改善;波黑、克罗地亚、拉脱维亚、立陶宛、黑山和波兰的产学研合作都趋于恶化,不论它们的基础是较好还是较差;匈牙利的产学研合作波动幅度较大。阿尔巴尼亚、波黑、保加利亚、匈牙利、拉脱维亚、立陶宛、黑山、波兰、罗马尼亚和斯洛伐克等 10 个国家,在来自海外资助的总研发支出中,都在比较好或最好的基础上保持改善的趋势,像阿尔巴尼亚和波黑等国都得以大幅度的改善。

中国在商业成熟度方面属于最优且稳定的国家,在知识工人和知识吸收两方面保持最优且继续改善,但创新连接比较差,好在继续改善。中国在来自海外资助的总研发支出、信息和通信技术服务进口等方面属于最少的,FDI 净流入方面也趋于下降。

在第一章的分析中曾经指出,中国企业对中东欧国家的研发投资极少,而对它们周边及发达国家的投资较多,本部分对各方面因素的比较分析解释了部分原因。企业创新方面的可能原因是,绝大多数中东欧国家的企业在创新效率上不如中国的企业(见图 4-6);然而,美国、日本等国企业的创新率也低于中国,为什么中国企业却投资于这些国家? 可能的原因是,这些国家整体的和非企业的科技创新能力更强,或者说中国企业对外国研发投资可能更偏好于与投资地的研发机构合作,中东欧国家在这两方面(研发机构的科技创新和企业的创新)均不占优势。

(六)知识技术产出

在这些国家中,爱沙尼亚的知识技术产出是最优的,黑山比较差,但两国都表现为趋于恶化;波黑、保加利亚、克罗地亚、北马其顿和波兰等国无论处于较好水平还是最差水平,都趋于改善;其余各国都保持现状。

知识技术产出包括了知识创造、知识影响和知识扩散 3 个方面。在知识创造方面,只有罗马尼亚在较差的水平上继续恶化;波黑、保加利亚、北马其顿和黑山都表现为改善的趋势;其余各国都保持现状,无论它们是处于最优还是最差水平。在知识影响方面,阿尔巴尼亚是最差的,捷克和匈牙利是最优的,但 3 个国家都保持现状;黑山的知识影响波动幅度较

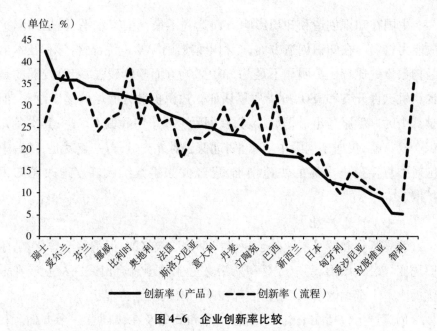

（单位：%）

创新率（产品）   ----创新率（流程）

图4-6 企业创新率比较

资料来源：National Science Board，"Science & Engineering Indicators 2018"，Chapter 8，https://www.nsf.gov/statistics/2018/nsb20181/assets/nsb20181.pdf。

大；爱沙尼亚、拉脱维亚、立陶宛、北马其顿和斯洛文尼亚的知识影响趋于变差；在知识扩散方面，阿尔巴尼亚是比较差的，爱沙尼亚、黑山和塞尔维亚都比较好，但是四国都变得越来越差；拉脱维亚和罗马尼亚在比较好的水平上保持现状；匈牙利虽然处于较好的水平，但是波动幅度比较大；其余各国都趋于改善。

在更具体的指标上各国的差异更大，比如阿尔巴尼亚本国人申请的PCT 国际专利得到大幅度的改善，罗马尼亚变得更差；在劳动者人均GDP 增长率方面，保加利亚、克罗地亚、拉脱维亚和罗马尼亚得以大幅度或明显的提高，阿尔巴尼亚、匈牙利、北马其顿、黑山、塞尔维亚和斯洛文尼亚趋于恶化，捷克和爱沙尼亚表现为极大的波动状态；在 ISO 9001 质量认证上，除阿尔巴尼亚处于较弱状态外，其余各国均处于最优或比较好的水平上，其中阿尔巴尼亚得以大幅度的改善，罗马尼亚从国际第一趋于下滑。此外，阿尔巴尼亚在知识产权收益方面明显地改善了，黑山呈相反的趋势，等等。

中国在知识创造和知识影响方面达到了最优国家水平,但是知识扩散能力较弱。在知识创造方面,专利申请居国际第一位,而科学和技术出版物数量的比较优势明显不足①;知识影响方面整体较强,相对较弱的是计算机软件开支和 ISO 9001 质量认证。知识扩散方面尽管趋于改善,但是其中的 ICT 服务出口仍然最弱,在国际上属于中等偏下水平;其次是知识产权收益,仅居于国际中等水平,远低于对外支付;再一点就是,随着中国对外直接投资净值的快速增加,已经并必将继续大幅度地改善知识扩散。

(七)创意产出

北马其顿和罗马尼亚的创意产出都是比较好的,但都趋于恶化;阿尔巴尼亚、波黑、黑山、塞尔维亚和斯洛文尼亚的创意产出或在最差或在最优的水平上继续改善;其余各国都在不同层次上维持现状。

创意产出包括无形资产、创意产品和服务及在线创意三个方面。在无形资产方面,保加利亚、北马其顿和罗马尼亚或在最优或在较好的层次上趋于恶化;阿尔巴尼亚、波黑、匈牙利、黑山和塞尔维亚都趋于改善,尽管各国的基础不同;其余各国都保持各自原有的水平。在创意产品和服务方面,只有匈牙利在最优的水平上趋于变差;捷克、立陶宛、北马其顿、罗马尼亚、塞尔维亚和斯洛文尼亚在较好或最优的层面上保持不变;其余各国都趋于改善。在在线创意方面,只有保加利亚、立陶宛和斯洛文尼亚在较好的层面上继续改善,其余各国均维持现状。

中国的创意产出在较好的层面上趋于最优,其中无形资产上升到国际第一位,创意产品和服务方面在较高的层次上得到进一步的改善、提升,然而在线创意水平最差且保持不变,创新经济学认为,创意常常是创新的源头。

---

① 在一些指标中,用该指标的值与一经济体的经济或人口规模相比,中国通常没有优势,但当与该指标所在领域比较时,中国的优势明显。比如,在全部科学和工程领域的论文方面,2016 年中国的发文量占世界的 18.6%,居第一位,美国略低于中国,中东欧 16 国中占比最高的波兰也仅有 1.4%,捷克、罗马尼亚、匈牙利和斯洛伐克的占比在 0.7%—0.2% 之间。National Science Board, "Science & Engineering Indicators 2018", https://www.nsf.gov/statistics/2018/nsb20181/assets/nsb20181.pdf。

第三节　国家创新体系绩效

欧盟委员会的综合创新指数包括 10 个大指标和 27 个小指标,它们比《世界竞争力报告》中的"创新"指标要宽泛一些,比《全球创新指数》中的指标要窄得多,可以说这套指标更为纯正和直接地评价了部分国家创新系统的绩效,它的不足是评价的经济体主要是欧盟成员国和个别域外国家。

成为欧盟成员的中东欧 13 个国家的创新地位有以下特征(见图4-7):它们的创新绩效水平都在欧盟平均水平以下,其中斯洛文尼亚、捷克和爱沙尼亚是创新绩效最好的国家,立陶宛、塞尔维亚、拉脱维亚和北马其顿的创新绩效有显著改善,罗马尼亚大幅度地下降。不过,即使是创新绩效最优的 3 个国家,与欧盟成员中创新绩效最好的国家相比,还是有巨大差异的。中国的创新绩效与斯洛文尼亚、捷克和爱沙尼亚还有明显的差距。

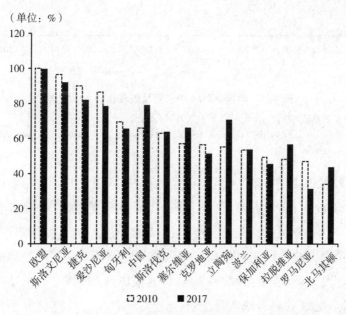

图 4-7　2010 年和 2017 年中国与中东欧 13 国在欧盟的创新地位

说明:2010 年和 2017 年各国创新绩效以欧盟 2010 年绩效为基准。

资料来源:European Commission,"European Innovation Scoreboard 2018",https://ec.europa.eu/docsroom/documents/33147。

一、创新绩效最高的国家

比较过去几年的变化,斯洛文尼亚、捷克和爱沙尼亚是 13 个国家中创新绩效或者创新能力最强的国家,但是在过去的七年间都呈现下降的趋势。

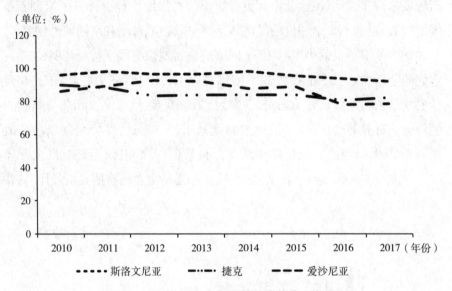

图 4-8　2010—2017 年创新绩效最优的 3 个国家

说明:以当年欧盟创新绩效为 100,各国所占欧盟的百分比。

资料来源:European Commission,"European Innovation Scoreboard 2018",https://ec.europa.eu/docsroom/documents/33147。

在 13 个国家中,斯洛文尼亚的创新能力是最强的。在构成创新绩效的 10 个方面中,人力资源、研究系统、公司投资、创新者和创新连接都是最强的并且一直保持领先;在创新友好环境、金融和支持、知识资产、雇员影响和销售影响方面相对较弱。导致整体创新绩效呈下降趋势的主要因素有创新友好环境、金融和支持、创新连接以及知识资产,在过去的七年里,这四者的绩效显著地下降了。

捷克在研究系统、公司投资、创新者、创新连接、雇员影响及销售影响方面在 13 个国家中拥有明显优势,而在其他几方面优势不突出。整体创新绩效趋于下降的主要因素有金融和支持、创新者以及销售影响等方面。

爱沙尼亚的公司投资、创新连接和创新者都曾经是该国的创新优势，后来都大幅度地减弱了；研究系统、雇员影响、知识资产和创新友好环境在初始时期没有多大的优势，但其绩效保持了持续改善的趋势；销售影响、人力资源、基本维持原状；金融和支持经历了大起大落的过程。OECD（2017）在其研究报告中指出：在2012—2014年间，爱沙尼亚企业的产品创新率是1.1%，非产品创新率为25.4%，但该国拥有高水平的学术研究，政府的政策挑战是建立学术研究与商业部门的强大连接，促进知识扩散。

二、创新绩效提高的国家

立陶宛、波兰、拉脱维亚、保加利亚和北马其顿在过去的7年里，创新绩效都表现为持续提升趋势，其中立陶宛在较高的水平上改善最大，波兰、拉脱维亚和保加利亚的创新绩效水平都比较低且接近，北马其顿的创新绩效最低，但呈稳步上升趋势。

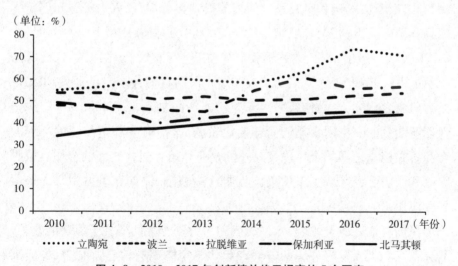

图4-9 2010—2017年创新绩效趋于提高的5个国家

说明：以当年欧盟创新绩效为100，各国所占欧盟的百分比。

资料来源：European Commission，"European Innovation Scoreboard 2018"，https://ec.europa.eu/docsroom/documents/33147.

立陶宛在 2010 年的时候,只有人力资源和创新友好环境拥有显著的优势,但前者的绩效持续地变差,后者得以进一步的改善;创新者、创新连接和公司投资得到大幅度的改善;研究系统、知识资产和销售不仅是 3 个突出的劣势,而且改善的幅度也比较缓慢;金融和支持大起大落,雇员影响则持续下降。

在构成创新绩效的 10 个方面中,波兰的雇员影响最有优势,在过去的 7 年里基本维持着既有水平;创新友好环境的绩效得以最大幅度的提升,知识资产也得到了显著改善,公司投资和研究系统有改善趋势;人力资源、销售影响、金融和支持、创新连接和创新者的绩效都持续下降,其中以创新者下降幅度最大。创新绩效下降受多方面因素影响,比如高等教育机构和研究成果的质量以及研究人员的供给以国际标准看还是比较低、产业—科学合作以及公私合作都比较弱(OECD,2017)。

拉脱维亚最突出的优势是创新友好的环境,尽管在后来的几年里绩效有所下降,但仍是 13 个国家中最有优势的,其余各方面都比较差。金融和支持、雇员影响和研究系统的绩效得到显著提升,人力资源和创新连接只有稍微改善,其余各项则持续下降,其中创新者一项下降最为明显。OECD(2017)指出:拉脱维亚不仅研发支出在经合组织国家中是最低的(比如 2015 年研发支出占 GDP 的 0.6%),而且商业驱动的研发(R&D)尤为薄弱,企业的产品创新率为 6.3%,非产品创新率为 19.2%。制约企业创新绩效的一个因素是创新连接比较弱,包括商业部门与国内高等教育和研究机构之间的合作以及与外国企业和研究机构之间的合作。拉脱维亚和欧盟已经采取了多项措施克服这些缺陷,比如竞争力中心支持项目和应用研究补贴项目。

保加利亚在雇员影响、知识资产和人力资源方面得到了显著的改善,研究系统和创新友好环境两方面在起伏不定中略有改善,而其余方面都有明显的下降,其中金融和支持下降的幅度最大。

在 2010 年的时候,北马其顿是 13 个国家中创新绩效最差的国家,在 2017 年,其创新绩效超过了罗马尼亚。该国的研究系统得到了最大幅度的改善,金融和支持有显著的改善,人力资源、知识资产和销售影响也得到了明显的改善,创新友好环境略有改善;创新者方面本来是有优势的,现在已风光不再;公司投资一项几乎不变,其他各项变得更差了。

三、创新绩效下降的国家

克罗地亚、匈牙利、罗马尼亚、斯洛伐克和塞尔维亚的创新绩效在过去的 7 年内趋于下降,只是斯洛伐克和塞尔维亚经历了一个倒"U"型的过程,其他 3 个国家则持续下降。

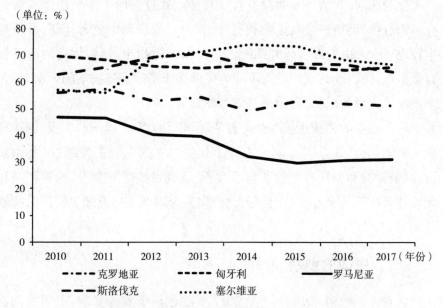

图 4-10　2010—2017 年创新绩效趋于下降的 5 个国家

说明:以当年欧盟创新绩效为 100,各国所占欧盟的百分比。

资料来源:European Commission, "European Innovation Scoreboard 2018", https://ec.europa.eu/docsroom/documents/33147。

在期初时,克罗地亚的创新连接、创新者和公司投资在 13 个国家中还是有明显优势的,仅弱于最强的 3 个国家,但是 2017 年三者的绩效趋于下降,只是公司投资在 13 个国家中仍有比较优势。创新绩效明显改善的有雇员影响、研究系统和知识资产,金融和支持及人力资源经历了大起大落的不稳定状态,其余各项均趋于下降。

匈牙利的销售影响和雇员影响在中东欧 13 个国家中是最有优势的

并保持至今,尽管略有下降,但其余各方面均处于中等及以下。知识资产、公司投资、金融和支持、创新友好环境及研究系统趋于改善,创新连接和创新者的绩效趋于下降,金融和支持经历了一个先升后降的过程。

罗马尼亚虽是13个国家中创新绩效最差的国家,但也并非一无是处,它的创新友好环境一直是所有指标中最好的,研究系统、知识资产和雇员影响有改善,其余各方面或多或少地越来越差。

在各国中,斯洛伐克的销售影响和雇员影响是最有优势的,这两方面与匈牙利相同,其余各方面没有什么优势。在过去的7年里趋于改善的有知识资产、创新连接及金融和支持,人力资源波动比较大,研究系统基本稳定。就人力资源和研究系统,OECD(2017)指出,斯洛伐克的高等教育质量是其成员国中最差的,不能为劳动力市场培训高技能的劳动力;大学产出了大量的出版物,但是其质量非常低。

塞尔维亚的创新连接和公司投资在13个国家中居于前3强、创新者也居于第四位,其余各方面没有什么优势。它的人力资源绩效、公司投资、雇员影响和创新者得到了显著改善,研究系统略有改善,销售影响和创新连接的绩效大起大落,创新友好环境、金融和支持及知识资产的绩效越来越差。

四、中国的创新绩效

无论是以欧盟2010年还是2017年的创新绩效为基准,中国的创新绩效都在欧盟之下(均相当于欧盟76%的水平),巴西、南非、俄罗斯和印度的创新绩效在中国之下,中国和巴西属于"中等创新者",另外3个金砖国家属于"适度创新者";韩国、加拿大、澳大利亚、日本和美国的创新绩效在欧盟之上,是"强劲创新者"。以2010年欧盟创新绩效为基准,2017年相对于2010年的创新绩效,10个经济体中中国的创新绩效提高了13.4%,提高幅度远高于其他9个国家。

与加入欧盟的13个中东欧国家相比,中国的创新绩效及提升幅度虽然比较高,但与斯洛文尼亚、捷克和爱沙尼亚相比还有明显的差距。同时,在创新的不同领域中,"13+1"国家各有优势(见表4-2)。就中国与

13 国相比而言,在受过高等教育的人口、国际科学合作出版物、公私合作出版物等领域,中国的劣势比较突出;在商业部门创新支出、PCT 专利申请、设计申请、商标申请、公共研发支出中私人占比、出版物质量、公共部门研发支出等方面,中国的优势比较突出;中国在中高等技术产品出口和知识密集型服务业领域优势不突出。突出的研发投入规模是近几年中国创新绩效显著增强的主要原因,但是这个绩效还没有充分地反映在出口竞争力上。高等教育方面的两个劣势并没有反映真实的情况,比如当前中国高等教育至关重要的问题是提高教育质量而不仅仅是数量扩张;国际和国内合作方面也是同样的情况。

表 4-2 中国与 13 个中东国家创新绩效比较:基于欧盟创新面板指标

(单位:%)

国家\指标	中国	保加利亚	捷克	爱沙尼亚	克罗地亚	拉脱维亚	立陶宛	匈牙利	波兰	罗马尼亚	斯洛文尼亚	斯洛伐克	北马其顿	塞尔维亚
受过高等教育的人口	39.5	71.6	74.6	144.0	66.4	132.8	237.3	47.8	147.8	13.4	154.5	84.3	68.7	—
国际科学合作出版物	36.4	62.3	244.6	356.1	154.0	92.9	139.6	141.6	86.4	46.8	375.7	135.5	36.2	106.0
被引用最多的出版物	77.4	28.4	57.3	76.4	33.8	52.3	29.8	60.5	38.7	35.6	80.1	52.1	50.8	27.7
公共部门的 R&D 支出	70.7	9.7	85.8	80.5	54.0	31.0	69.9	23.9	29.2	9.7	59.3	41.6	29.2	69.9
商业部门的 R&D 支出	132.0	45.8	86.0	53.7	29.2	5.6	22.2	73.8	51.1	19.6	128.0	31.0	4.8	24.9
公私合作出版物	16.7	27.1	72.3	51.5	65.7	16.0	31.0	85.8	36.6	30.4	118.2	50.6	29.0	33.6
公共 R&D 支出中私人出资	119.8	51.2	74.7	83.6	80.1	104.3	144.0	73.5	54.5	79.1	101.4	84.7	—	220.3

续表

国家\指标	中国	保加利亚	捷克	爱沙尼亚	克罗地亚	拉脱维亚	立陶宛	匈牙利	波兰	罗马尼亚	斯洛文尼亚	斯洛伐克	北马其顿	塞尔维亚
PCT专利申请	67.4	17.5	25.2	27.3	16.5	22.3	21.8	36.4	18.8	5.9	44.7	13.7	2.2	—
商标申请	266.0	127.0	77.0	196.3	60.2	112.0	107.5	62.5	80.5	35.4	147.7	68.0	47.1	54.8
设计申请	208.0	121.0	88.6	127.0	19.5	26.1	37.2	25.1	124.2	28.4	64.7	31.7	1.0	2.6
中高等技术产品出口	91.7	40.6	131.6	61.9	58.0	43.3	49.6	139.6	83.9	103.4	106.8	133.7	46.3	72.4
知识密集型服务业出口	49.4	43.3	53.0	62.8	2.8	70.6	8.7	63.6	45.8	57.9	37.2	31.6	114.3	60.8

资料来源：European Commission，"European Innovation Scoreboard 2018"，https://ec.europa.eu/docsroom/documents/33147。

第四节　比较优势学科及国际合作

在科学与工程领域，正像许多其他方面一样，中国发表的论文数量具有巨大的规模优势，比如 2016 年发文的数量是 42.6 万篇，占世界总量的 18.6%，不仅居于各国之首，而且对于像中东欧地区这样的小国更是望尘莫及。但是在各国内部和各国之间，每个学科领域的比较优势差异较大（见表 4-3）。

比较中国与中东欧 16 国发现各国内部各学科之间差异较大，各国之间的比较优势学科都突出。除多数国家的工程学、医学和生物科学外，中国的化学、物理学和地球科学相对于多数国家有比较优势，保加利亚在物理学、阿尔巴尼亚在计算机科学和地球科学、拉脱维亚在农业科学、匈牙利在数学、保加利亚在天文学、爱沙尼亚在心理学方面具有显著的比较优势。各国的优势与弱势学科的差异为跨国合作提供了潜在机会。

表4-3 "16+1"国家优势学科比较 （单位：%）

学科 国家	工程学	医学	生物科学	化学	物理学	计算机科学	地球科学	农业科学	数学	其他生命科学	天文学	心理学	社会科学
中国	28.9	13.3	14.0	12.3	9.9	8.7	7.1	2.2	2.0	0.2	0.3	0.3	1.0
波兰	18.8	18.5	13.9	9.0	10.6	8.7	7.7	3.5	3.3	0.4	0.5	1.0	4.1
捷克	20.4	17.0	13.9	8.0	8.7	8.7	5.5	4.2	3.0	0.5	0.8	0.9	8.2
罗马尼亚	24.7	16.4	6.8	12.0	9.2	9.2	4.4	1.2	4.7	0.5	0.1	0.7	10.1
斯洛伐克	24.5	11.9	11.0	5.1	6.9	12.3	6.6	5.0	3.0	0.5	0.4	1.7	11.0
匈牙利	11.4	21.2	17.8	8.6	6.8	10.0	5.4	3.0	5.5	0.4	0.9	1.8	7.2
拉脱维亚	27.2	4.1	8.6	6.5	8.7	14.9	3.7	17.6	1.9	0.1	0.1	0.1	6.7
塞尔维亚	22.9	20.5	13.3	9.8	5.8	5.9	5.8	4.3	3.7	0.4	0.6	1.2	5.8
斯洛文尼亚	16.8	16.8	11.9	7.6	6.8	8.3	5.6	2.9	3.5	0.7	0.1	1.3	17.5
立陶宛	17.4	12.0	10.4	7.0	9.8	7.7	5.8	7.0	2.5	0.2	0.3	0.9	18.9
克罗地亚	12.1	21.8	12.8	6.7	3.0	9.2	7.2	3.7	3.5	1.0	0.2	0.2	16.7
保加利亚	18.2	16.6	19.8	8.4	11.5	7.0	4.0	4.5	4.3	0.3	1.1	0.2	4.2
爱沙尼亚	16.2	8.5	19.3	8.6	11.6	8.4	5.8	3.1	2.6	2.6	0.8	0.5	13.9
北马其顿	17.7	19.9	12.7	5.1	6.6	13.4	5.1	2.6	3.5	2.5	0.8	0.5	9.6
波黑	28.6	28.1	8.3	2.2	3.4	11.5	2.9	3.1	3.0	0.1	0.0	0.7	8.6
阿尔巴尼亚	6.5	23.5	13.2	2.0	7.6	19.4	9.7	2.0	2.0	2.0	1.5	0.2	9.9
黑山	25.3	9.0	12.3	1.5	7.3	15.6	6.8	1.0	4.7	0.2	0.0	0.8	15.7

说明：比较优势的计算方法是根据每个国家不同学科发文量与该国总发文量比较。

资料来源：National Science Board，"Science & Engineering Indicators 2018"，Chapter 5，Appendix Table 28-40，https://www.nsf.gov/statistics/2018/nsb20181/assets/nsb20181.pdf。

国家间科技创新能力、学科优势及其趋势的差异，为跨国合作创造了不同的可能性，这取决于各国的意愿。在3个评价体系中，《欧盟创新记分板》中设计了一个反映国际合作的指标——国际科学合作出版物。根据这个指标，在欧盟评价的36个经济体中（见图4-11），中东欧13个国家中除斯洛文尼亚、爱沙尼亚和捷克的国际合作比较强外（这3个国家也是13个国家中综合科技创新能力最强的），其余各国的国际合作都比较弱。

2018 年版的《世界竞争力报告》中设计了国际合作发明指标(见图 4-3),17 个国家表现出 3 个泾渭分明的层次,国际合作强度最大的国家是捷克、斯洛文尼亚、匈牙利和爱沙尼亚,合作强度最弱的国家是黑山、波黑、北马其顿和阿尔巴尼亚。

(单位:%)

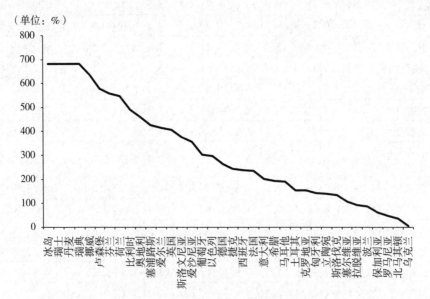

图 4-11　欧盟成员国 2017 年国际科学合作出版物相对于欧盟 2010 年的地位

资料来源:European Commission,"European Innovation Scoreboard 2018",https://ec.europa.eu/docsroom/documents/33147。

中东欧国家的科技创新合作涉及各大洲,但以欧洲国家为主(见表 4-4),这与因贸易和投资而连接的区域价值链一致。匈牙利、波兰和捷克是 16 个国家中国际科技创新合作指数最高的国家,2006 年,与这 3 个国家科技创新合作指数最高的前 15 个国家中,捷克和波兰的合作者全部是欧洲国家(其中匈牙利有 3 个非欧洲国家);从过去 10 年(2006—2016年)的趋势看,无一例外地都在强化和扩展国际合作,并且趋于与欧洲以外的国家合作;2016 年,在前 15 个国家中,捷克和波兰分别出现了 3 个非欧洲国家,匈牙利增加到 5 个。从多个角度(比如规模经济、范围经济或关联性)看,科技创新合作、彼此贸易和投资可能产生相互诱导的作用。

表 4-4 4 国国际科技创新合作国别指数前 15 位国家

中国		中国		波兰		波兰		匈牙利		匈牙利		捷克		捷克	
2006 年		2016 年		2006 年		2016 年		2006 年		2016 年		2006 年		2016 年	
新加坡	3.02	新加坡	2.03	捷克	3.37	捷克	5.07	捷克	2.74	捷克	6.46	波兰	3.37	匈牙利	6.46
日本	1.51	巴基斯坦	1.23	匈牙利	1.84	匈牙利	4.95	奥地利	2.47	希腊	5.17	匈牙利	2.74	波兰	5.07
马来西亚	1.25	美国	1.19	俄罗斯	1.83	希腊	3.38	芬兰	1.92	波兰	4.95	奥地利	2.36	希腊	3.72
澳大利亚	1.08	澳大利亚	1.15	奥地利	1.63	俄罗斯	2.92	波兰	1.84	奥地利	4.93	希腊	2.11	奥地利	3.64
韩国	0.95	日本	1.09	希腊	1.62	芬兰	2.67	葡萄牙	1.56	土耳其	4.56	爱尔兰	1.91	土耳其	3.11
美国	0.88	韩国	0.90	比利时	1.38	爱尔兰	2.53	比利时	1.55	葡萄牙	3.77	俄罗斯	1.89	俄罗斯	3.05
巴基斯坦	0.88	加拿大	0.84	芬兰	1.36	土耳其	2.49	德国	1.35	芬兰	3.68	葡萄牙	1.66	葡萄牙	2.61
加拿大	0.77	泰国	0.79	葡萄牙	1.35	挪威	2.48	瑞典	1.35	阿根廷	3.40	芬兰	1.58	芬兰	2.52
英国	0.58	新西兰	0.65	德国	1.30	奥地利	2.37	希腊	1.22	挪威	3.17	比利时	1.42	阿根廷	2.51
瑞典	0.54	英国	0.62	瑞典	1.25	葡萄牙	2.35	意大利	1.09	俄罗斯	3.14	意大利	1.33	挪威	2.23
泰国	0.49	匈牙利	0.62	挪威	1.20	丹麦	2.05	南非	1.07	以色列	3.13	德国	1.32	爱尔兰	2.06

续表

中国		中国		波兰		波兰		匈牙利		匈牙利		捷克		捷克	
2006 年		2016 年		2006 年		2016 年		2006 年		2016 年		2006 年		2016 年	
新西兰	0.49	芬兰	0.57	意大利	1.14	比利时	1.87	以色列	1.02	泰国	3.05	瑞典	1.32	以色列	2.04
德国	0.46	沙特	0.57	法国	1.11	以色列	1.86	荷兰	1.01	爱尔兰	2.90	瑞士	1.29	泰国	1.99
爱尔兰	0.46	瑞典	0.54	丹麦	1.06	阿根廷	1.86	土耳其	0.98	巴基斯坦	2.90	法国	1.24	瑞士	1.92
俄罗斯	0.44	爱尔兰	0.52	西班牙	1.00	意大利	1.85	俄罗斯	0.96	马来西亚	2.80	挪威	1.09	比利时	1.90
……															
—				中国	0.23 (39)	中国	0.41 (42)	中国	0.26 (37)	中国	0.62 (41)	中国	0.29 (37)	中国	0.42 (42)

说明:括号内的数字表示合作指数在该国所处的位次。

资料来源:National Science Board,"Science & Engineering Indicators 2018",Chapter 5,https://www.nsf.gov/statistics/2018/nsb20181/assets/nsb20181.pdf。

与欧洲国家在文化价值观、经济价值链上的一体化或集群特征为科技创新合作提供了基础。从多边科技创新合作看,与第三方(比如欧盟以及科技创新能力领先国家)相比,中国的劣势是比较明显的。比如,中东欧 16 国不仅大多数是欧盟成员,而且在空间和产业价值链上也有比邻优势,回归欧洲的那些中东欧国家在科技创新方面也希望得到欧盟的援助,彼此的科技创新合作及人员交流频繁;那些科技创新能力最强并且希望加强或扩大科技影响力的国家,在本国的国际科技创新合作计划中,极力把这些国家纳入自己的影响范围。比如,欧盟努力推动科研区建设,以此加速欧洲一体化的进程;德国把中东欧国家作为重点开辟的国际科技合作对象,并支持这些国家参与欧盟范围内的科技合作。法国的国际科技创新合作也是与欧盟相协调的,比如,通过法国国家科学中心与那些已经或正在加入欧盟的中东欧国家建立友好实验室、欧洲协作实验室或者欧洲研究集团。在产业链(贸易和投资)上,中东欧国家主要与身边的经济发达国家构成了上下游关系,成为科技创新合作的基础。可以说,中东欧国家与更发达的欧洲国家构成了更紧密的全面价值链。

在过去的10年里,中国与匈牙利的合作得以显著的提升,2016年在中国的前15位合作者中,匈牙利从10年前的第15名之后跃升至第10位(与英国并列)。不过,中国与其他15个国家的科技创新合作指数仍然比较低,彼此都不是对方的主要合作者,虽然在过去的10年里彼此的合作在强化,但是中国在这些国家的国际合作地位却或多或少地下降了。通常情况下,随着一国科技创新能力的提高,会吸引更多的国家与之合作或增加合作强度,为什么在中国科技创新能力大幅提升的情况下,与这些国家的合作强度反而降低呢?

上述几部分对"16+1"国家的科技创新绩效给予了详细的比较分析,不论从3个评价体系中的哪一个看,"16+1"国家的创新能力都不是国际一流的,只有少数国家位居国际中上等水平(中国、斯洛文尼亚、捷克和爱沙尼亚),与科技创新领先国家有较大的差距,还有个别国家几乎是国际上最差的。

由于3个评价体系在指标设计上的差别,使得评价结果也表现出一些不一致性,趋势完全一致并且都上升的国家有2个(立陶宛和拉脱维亚)。如果肯定其中2个评价体系揭示的相同趋势,那么就可以判定有4个国家(罗马尼亚、克罗地亚、斯洛伐克和匈牙利)的科技创新能力是下降的,有2个国家(捷克和斯洛文尼亚)不能确定其趋势,其余11国家的科技创新能力提高了(见表4-5)。

表4-5　"16+1"创新能力的相对地位及变化　　(单位:位次)

国家 \ 项目/时间	世界竞争力报告:创新			全球创新指数			欧盟创新计分板		
	2008	10年平均	变化	2008	11年平均	变化	2010	8年平均	变化
立陶宛	55	46	上升	42	39	上升	30	28	上升
拉脱维亚	93	73	上升	60	37	上升	33	32	上升

续表

项目 国家	世界竞争力报告:创新			全球创新指数			欧盟创新计分板		
	2008	10年平均	变化	2008	11年平均	变化	2010	8年平均	变化
波兰	64	61	上升	56	45	上升	31	32	下降
保加利亚	96	90	上升	74	44	上升	32	34	下降
北马其顿	99	85	上升	89	67	上升	36	36	不变
中国	28	30	下降	37	30	上升	26	23	上升
塞尔维亚	70	98	下降	92	66	上升	28	25	上升
捷克	25	33	下降	33	27	上升	18	18	不变
斯洛文尼亚	33	35	下降	36	30	上升	16	16	不变
罗马尼亚	69	85	下降	69	52	上升	34	35	下降
克罗地亚	50	80	下降	62	44	上升	29	31	下降
匈牙利	45	49	下降	47	35	上升	23	27	下降
斯洛伐克	58	77	下降	35	37	下降	27	27	不变
爱沙尼亚	31	31	不变	29	25	上升	20	18	上升
阿尔巴尼亚	132	118	上升	121	91	上升	—	—	—
黑山	88	67	上升	71	52	上升	—	—	—
波黑	128	110	上升	107	85	上升	—	—	—

说明:①本表是根据3个报告列出的各国位次整理而成。②世界竞争力报告中,波黑和北马其顿都是9年的平均位次;全球创新指数中,黑山是9年的平均位次。③《欧盟创新记分板》评价的经济体数量比较少,也没有给出位次,表中的位次是笔者根据报告中相关图示推算出的。

资料来源:Klaus Schwab,etc.,"The Global Competitiveness Report"(2008-2018);Soumitra Dutta、Bruno Lanvin、Sacha Wunsch-Vincent,etc.,"The Global Innovation Index"(2008-2018);European Commission,"European Innovation Scoreboard"(2008-2018)。

如果考虑到《世界竞争力报告》2018年指标结构的巨大调整,在3个评价体系揭示的趋势完全一致并且都上升的国家又增加了2个(中国和塞尔维亚),并且所有国家在过去的两年里创新能力和创新绩效都呈现改善的趋势,国际合作功不可没。科技创新绩效的提升将激励进一步的创新需要,国际合作需要自然包括其中。

第五章　提升"16+1"科技创新合作设想

"16+1"机制和"一带一路"倡议,既包含了科技创新合作,又为深化和扩展合作创造了机遇,"中国—中东欧国家科技创新伙伴计划"把科技创新合作推到了新阶段。未来的合作需要借势新工业革命和全球经济格局重构的机遇,吸收以往合作的经验,克服合作中的缺陷,发挥双多边和集群优势,提高合作的效率、关键性和自主创新能力,为国家发展提供长期可持续的动力。

第一节　"16+1"合作的趋势性特征

在前文对中国与中东欧 16 国的科技创新合作多层面、多角度的分析中,主要形成了以下几种观点。

合作地位双下降。在共同努力下,双边科技创新合作的强度在增加,但是在彼此国际合作中的地位都不高而且都在趋于下降。2006 — 2016年随着"16+1"国家各自国际合作网络中国别结构的变化,中国在这些国家中的合作地位趋于下降;同时,对方在中国的合作地位也在下降,呈现出双边缘化的趋势。

互补型合作。几十年来中国的科技创新能力得到了极大进步,快速超越了中东欧 16 国,在科学和工程领域发表论文和申请专利的规模都让这些国家望尘莫及,同时中东欧 16 国中多数国家的创新能力和绩效也在提升。中国与这些国家的合作已经由早期的垂直型合作转向了今天的互补型合作,双方的学科比较优势为实现互补合作提供了条件。

国家集群优势。相比于中国与其他国家的科技创新合作来说,与中东欧国家的合作具有空间上国家集群的特征和优势,同时这些国家身边又集聚着科技创新能力更强的西欧发达国家,更有助于实施双、多边合作。①

禀赋优势差异。中东欧国家的要素禀赋结构优于中国,比如人口密度低、高层次人力资本水平高、国民收入差距小、公共服务水平高以及可持续发展水平能力强等,而中国具有突出的规模优势。相比于中国,它们的劣势在于人口出生率低、老龄化程度高、政府的教育投入水平低、初等教育入学率低等等。无论从地理空间,还是从工业化水平、收入水平或者驱动发展主要动力视角看,中东欧16国都具有明显的共性特征。

发展动力差异。中国与这些国家在经济发展的动力结构上差异明显,家庭消费与国际贸易是中东欧16国经济发展的两大动力,政府消费和资本形成对增长的贡献不大;中国的经济增长主要依赖投资和出口导向,家庭消费的贡献比较低,近几年内需的贡献明显增加。

产业结构差异。中东欧国家的产业结构以服务业为主,工业和农业的份额比较低,但是生产率远高于中国,农村人口比重高、发展水平也很高。这些国家的产业结构处于比较尴尬的状态:与世界范围内相应收入组别的国家相比达不到其平均水平,产业结构过早地服务化;高收入国家组的服务业占比与世界范围内相应水平国家相比又不是太高,产业结构高级化程度又偏低。相比于这些国家,中国突出的优势产业是制造业,其规模巨大和结构齐全是任何其他国家都无法比肩的,16个国家中大多数国家集中于2类或3类制造行业,中高技术制造业是出口导向型的,部分国家制造业的产出占比趋于提高。

地缘价值链优势。中东欧16国的科技创新合作、贸易和投资都表现出显著的区域一体化特征。在国际经贸方面,这些国家突出的共性是:制

---

① 科技创新也是"金砖五国"的合作内容之一,中国、俄罗斯和印度具有地缘优势,但与南非和巴西距离遥远;上海合作组织也具有地缘集群的特征,2008年中国科学院倡议的"上海合作组织框架下的国立科研机构合作机制"成立,2013年9月签署《上海合作组织成员国政府间科技合作协定》,该组织于2016年的政府首脑理事会上批准了《〈上海合作组织成员国政府间科技合作协定〉落实措施计划(2016—2020)》和《上海合作组织科技伙伴计划》。

造业居于进出口的主导地位,其中,食品和燃料进出口规模大,其次是矿石和金属;商务服务业国际贸易是顺差,最有贸易优势的服务业是运输和旅行。在地缘经贸关系中,中东欧16国彼此以及与欧洲其他国家具有天然的区域价值链一体化优势,它们的进出口贸易高度依赖欧洲,中国在这些国家中贸易地位比较低。在科技创新合作领域,这些国家呈现出同样的区域特征,并且科技创新、贸易和投资之间存在着相互诱导的影响。中东欧16国属于FDI净流入国,2001—2017年,它们的对外投资能力趋于提高,就像贸易一样,外资来源国和对外投资目的地仍以欧洲国家为主。

就国际科技创新的一般意义而言,从前文的分析中可以看出:

政府间国际科技创新合作是双边或多边国际关系的一部分,与政治、外交、经贸、人文等领域的合作交流以及全球化和区域一体化融在一起,既相辅相成、相互制约,也有其异质性。政府间国际科技创新合作被赋予以下功能:解决科技创新问题、学习引进知识和科技创新外交。其中就学习与引进而言,国际合作对一方后续的影响也有这样几种可能结果:以合作成果为基础,凭借自主力量进行着渐进的科技创新进步;产生路径依赖,继续与对方或寻求与其他国家合作以获得进步;凭借自主的力量获得颠覆性进步,超越对方。

推动国际科技创新合作的动力有多种:比如科技创新活动自身的特征,包括天然的无国界性质、科技创新的复杂性、各国比较优势;科技创新在国家长期持续经济发展中的核心作用;科技创新合作与外交的相辅相成以及承担国际责任。

从不同角度可对国际科技创新合作给予不同划分,比如水平型合作(或竞争型合作)、垂直型合作和混合型合作,无论哪一种类型的合作都含有互补的性质。政府间合作含有这样一些目标:创造新知识,开发新技术和新产品,利用和获得国外研发资源,分担研发成本,特定的任务,建立、改善或强化外交关系以及开拓国际市场。追求国际合作也是企业创新全球化的一种形式,包括与东道国的研发机构或外资机构的合作。一国的科技创新能力、国家规模、经济发展战略以及特定时期的国家关系等因素都影响国际科技创新合作选择。

看待国际科技创新合作的成效需要分不同的层面,就具体的某一项科学、技术或创新合作来说,对预设问题解决程度或预期目标实现程度的不同对合作成效的看法也不同。如果要对某一问题解决或目标实现对该领域的未来或对其他领域产生的影响给予评估则充满了不确定性。比如在国际合作中解决了某个技术难题,但是这项技术成就能否以及能在多大程度上改善一国相应产业领域的现状要受多种因素制约。

几十年来,中国国际科技创新合作经历了大致 4 个阶段:新中国成立之初对苏联的"一边倒"、20 世纪 60—70 年代的多元化、20 世纪 80 年代以来快速建立起以发达国家为主的全球网络以及今天的全球网络重构阶段。伴随着国际合作,中国国际科技创新的合作领域、合作的经济体数量以及由此提升的科技创新能力都达到了前所未有的地位,国际合作很好地贯彻了国家经济发展战略和外交政策,这些都得益于国家的改革开放。同时,也存在一些不足,比如合作的深度(质量)需要提高、合作中主要是学习和引进技术、偏好国际合作胜于国内合作,以至于产生了路径依赖特别是对美国的依赖度过高。

国际合作的双重性。国际科技创新合作一方面能够相互交流知识和提升研发能力;另一方面对某一国越是合作紧密,表明对对方的依赖性就越强,因而其脆弱性和风险也就越大,对方很容易把这种依赖性当作要挟的手段。20 世纪 60 年代苏联中断与中国的合作、今天美国强制减弱与中国的科技创新合作就是如此。

国内关于国际科技创新合作的研究文献有以下几个特征:农业科技创新国际合作方面的文献最多,这些文献揭示了中国的合作主要是引进农业技术和种质资源以及提高研发能力。研究与"一带一路"沿线国家合作的文献趋于增多,但多数限于统计分析。对外国的国际科技创新合作的研究主要是对发达国家合作政策解读和经验总结。在国际合作的法律方面,重点是对中国的立法和知识产权归属的探讨。对新中国成立以来国际科技创新合作史的研究比较少,现有文献倾向于经验总结和政策建议,国际科技创新合作理论研究文献较少。

第二节 转型中的中国和世界

自新中国成立以来,特别是改革开放以来,国际科技创新合作就是科学技术和产业技术进步的一个强大动力,通过国际合作最大可能地吸取了国外先进产业技术,建立起种类齐全的制造业体系。今天,如习近平总书记在党的十九大报告中强调的,中国社会主要矛盾已经转变为"人民日益增长的美好生活需要和不平衡不充分的发展之间的矛盾。……我国社会生产力水平总体上显著提高,社会生产能力在很多方面进入世界前列,更加突出的问题是发展不平衡不充分,这已经成为满足人民日益增长的美好生活需要的主要制约因素"。新时代的主要矛盾在科技创新方面的表现是自主科技创新的供应链不完整,关键技术仍然依赖国外,制约了产业转型升级和满足消费者对高品质产品需求。国际科技创新合作是解决这个矛盾的一个途径,但相比于以往的合作,今后的国际合作既需要深化也需要结构调整,换句话说,中国的国际科技创新合作也到了需要高质量合作的阶段。

一是中国科技创新能力大幅度提升。中国科技创新能力和创新绩效的大幅度提升,国际地位也因此大幅度提高,这得益于多方面的努力,包括大规模研发投入、高层次人才培养和引进、科研基础设施现代化、科技创新产业化基地(比如科技园区、自主创新区、国家科学中心等等)、区域科技创新中心建设(如北京、上海和长江三角洲、粤港澳大湾区)、多元化的国际科技创新合作与交流、吸引外资和鼓励企业对外投资、日益活跃的创新创业和商业环境改善、发明专利及科学和工程论文连续多年居世界首位等等,这些都表明,中国已经积累了极为丰富的科技创新资源和能力优势。为此,应改变过去几十年来在国际合作中居于从属地位的状态,从追求数量转向注重提高质量、效率和效益,使国际科技创新资源最大限度地为中国经济升级服务,并由此在国内建立起完备的产业技术供应链。

二是国外对与中国的合作趋于敏感。面对中国强大的科技创新能力和产业技术进步,面对中国高质量发展对先进技术的巨大需要,发达国家的政府、研发机构和企业一方面希望搭上中国转型发展的"顺风车";另一方面又竭力保护自己的先进技术和产业竞争优势,对中国企业在关键和新兴技术领域的跨国并购与合作保持着警惕。在中美贸易摩擦中,美国政府对中国企业的打压、实施更严格的技术出口管制,可能会产生3个效应:跟随效应、替代效应和自主效应。发生跟随效应指的是其他与中国有密切技术合作的经济体,看到中国依赖其技术,也有可能在敏感技术领域减弱与中国的合作和交流①;当中国的研发机构和企业不能与美国的相关机构和企业继续合作时,自然会寻求其他国家的研发机构和企业合作,由此产生替代效应;更重要的是美国的出口管制及由此可能诱发的跟随效应将更有可能激发中国政府、研发机构和企业自主创新的活力,减少对国外的依赖。很明显,中国的国际科技创新合作将处于结构调整时期。这种趋势对中国传统的偏好技术引进的国际科技创新合作提出了巨大的挑战,在未来的国际科技创新合作中要坚定地贯彻自主创新原则。

从全球趋势看,国际经济结构也正在进入深度调整阶段。其中,正在兴起的新工业革命(通常被称作"第四次工业革命"),以人、机器和资源间实现智能互联为特征,由信息技术与制造技术融合发展并推动,正在日益模糊物理世界和数字世界、生产和服务之间的界限,也正在重新塑造着世界经济格局。物联网、大数据、云计算、人工智能、机器人、增材制造、新材料、增强现实、纳米技术及生物技术等领域的技术取得一定进展并快速的商业化,推动着智能制造、个性定制、协同生产和其他新型生产方式和商业模式的发展,大幅缩短新产品研发和生产周期,并带来工业多样化的新机遇,催生出无人驾驶车辆和飞机、便携式智能设备及智能电网等新产品和新服务(G20,2016)。新工业革命的影响已超出了工业技术领域,涉

---

① 2018年11月18日的一则网络消息表明,欧盟成员国和欧盟议会将于20日在布鲁塞尔讨论一项关于审评海外直接投资对国家安全威胁的法律提案。该提案被认为是对美国外资投资委员会(CFIUS)规定的效仿,目的是针对高速发展国家科技兴国政策(比如"中国制造2025")的一种防御策略。即将制定的欧盟法律把芯片、通信、人工智能、医疗服务、生命科学、食品和水务等纳入审核范围。

及国际事务,它已经促使外交官和战略家开始探讨技术与国际事务的交集(霍格兰,2017)。

在此次新工业革命的竞争中,德国重在以信息技术(包括物联网、人工智能)改造传统制造业,属于渐进性创新;中国和美国都致力于以前沿新兴技术发展先进制造业,两国已经进入了在前沿产业技术领域面对面竞争的阶段。在这种竞争中,美国政府必将对中国发展先进制造业实施打压政策(张建华,2014)。事实表明,自2018年3月以来,在美国政府连续挑起的中美贸易摩擦中,一个主要目标就是遏制中国科技创新的进步势头和先进制造业(反映在"中国制造2025")的发展。先进制造业依赖科技创新进步,美国政府正在从产品、资本、技术和人员等方面采取强制措施以限制与中国的科技创新合作,比如禁止中国科技人员接触美国的关键实验室,禁止中国企业对其技术敏感类企业的并购,设卡对美国技术依赖的企业(如中兴公司)和打压技术自主创新能力强大的领先型企业(如华为公司)。

第三节　提升合作设想

中国的国际科技创新合作无论是与中东欧国家还是与其他国家合作,都应该贯彻这样一个原则:构建完备的以我为主的科技创新供应链,服务于产业转型升级。

中东欧国家是与新中国最早建立政府间科技创新合作的国家,科技创新合作既是双方外交关系维系或变化的见证,又是延续外交关系的一种力量。但是,相比于中国与科技创新能力更强国家的合作(包括新中国成立初期与苏联的合作及20世纪70年代后和更多发达国家的合作),与中东欧国家的合作一直处于不温不火状态;与近几年双方活跃的政治和商业往来相比,科技创新合作同样显得清冷,尽管在彼此政府间合作框架内包含了范围广泛的合作内容。如果说政府间合作框架反映了政府创造合作交流便利条件的话,那么实际合作中的相对冷清,则说明了研发机构和企业界的合作重点并不在于此。前文的对比分析揭示,中国与中东欧 16 国之间有大量的潜在合作机会,基于此就完善和深化与中东欧国家的科技创新合作、提高合作质量,提出如下几方面设想。

一是建立有国情针对性的合作投资机制。中国与中东欧国家的科技创新合作具有项目小、期限短的特征,这是由这些国家的国情决定的。一些研究者倾向于强调,要规划大平台、大项目和大战略,以实现上层次、上规模。这样的建议忽视了一个事实,即这些都是小国,国家的科研创新预算有限,有些国家还没有达到创新驱动的经济发展阶段,一味地强调"大",对方的财力难以支撑,自然也就不会有兴趣,应采取大小项目相结合的合作原则。

如果要想使大平台、大项目和大战略的科技创新合作设想成为现实,可行的对策是"中国搭台,共同唱戏",即针对中国与中东欧国家发展中的共性问题[1],由中国作为主要投资者建立一些综合性的、多国参加的科技创新平台,邀请相关国家的科学家、技术专家或企业家来共同研发,这对各方来说都是有利的。

二是发挥大科学装置的国际合作功能。现代化大型科学装置是吸引相关领域世界一流科学家合作研究的重要工具,不仅前沿的科学研究需要这些先进手段,而且还能够利用这样的装置探索和引导未来科学道路的模式,一国能够建立起这样的手段本身就代表了领先能力。然而,建立了大科学装置只是具备了从事相应科学技术探索的必要条件,其充分条件还是深度发挥其在基础研究和技术开发中的规模化功能,国际科技创新合作便是之一,欧盟借助欧洲原子能研究机构、冰立方和大型强子对撞机从事多国合作研究(特赖菲尔,2015)。中国的科技基础设施已经非常先进、大科学装置也多了起来,可利用这些基础设施,吸引中东欧国家的科学家和研发机构来合作研究和交流。从更广泛的目标看,这样做产生的示范效应将会吸引更多国家的科技创新人才汇聚中国,那时这些大科

---

① 比如,2018 年 12 月 19 日,英国《每日邮报》网站报道了一份科学研究报告,该报告认为全球 1/4 的人在 25 岁以后有中风的风险,其中东亚(特别是中国)和中东欧(主要是拉脱维亚、罗马尼亚、黑山、波黑)是风险最高的地区。我国相关领域的科学家可以发起这方面的共同研究。

学装置将会成为国际科学研究、技术开发和创新的中心,在这个过程中必将培养出中国能出题目、出思想的战略科学家和国际化科技管理人才。

三是发挥国际合作的多元化效应。中国需要在与中东欧16国的合作中提升科技创新能力、产业转型升级能力和国际竞争力。针对目前在国际科技创新合作中的问题,首先,构建"研发机构+企业"的合作机制。中国的科学家或技术专家在科技创新合作中要有企业家精神,既要在合作中创造出优秀科技成果,又能把这些成果由企业实现产业化,培养优秀的国际化企业,带动国内相关产业的技术进步或转型升级。以这样的方式克服目前的合作成果停留于研发机构、不能快速产业化的缺陷。企业在国际科技创新合作中,把新技术及时商品化或服务化,形成规模或范围经济,提高市场占有率。其次,服务于构建完备的国内技术供应链,或者说补充国内技术供应链的不足。中国的研发机构和企业在国际科技创新合作中,不能仅限于解决了自己的问题或弥补了国内某项空白,而是要着眼于国内产业创新集群的培育,通过引进新技术的商品化带动上下游企业的技术创新和产品更新换代;同时也要注重国际供应链的培育,以保证更广泛的技术来源,提高关键中间产品的可替代性,摆脱对个别国家或国外企业的过度依赖。

四是融合创新链与产业链。科技创新合作与产能合作都是"16+1"机制的内容,但二者很大程度上各行其是,没有结合起来,这种情况需要改变。在实施与中东欧国家的产能合作时,切记产能合作不是过剩产能输出、不是产品贸易,实质是科技创新合作,或者是以科技创新合作为前提。根据熊彼特创新理论,为产品找到一个新消费市场是一种创新行为,但是这种产品到新消费市场后并非一成不变,而是要根据当地消费者的需求特征作出改变。中东欧16国都是发展水平较高的国家,居民收入高、消费成熟度也高,对产品要求苛刻,中国企业如果仅仅抱着找到出口市场的想法,成功的可能性很有限,中国摩托车在越南的遭遇就是失败的教训。因此,中国企业在与中东欧国家进行产能合作时,必须以创新为基础,凭此既达到满足当地消费者的需求又能提高国际产能合作成功率。同样重要的是,"16+1"合作内容非常广泛,科技创新合作交流与这些内容合作交流具有相辅相成的关系,把直接的科技创新合作(即具体的项目合作)与其他方面(如基础设施建设、环境保护、产能和人文等等)的合作结合起来,不仅能够相互支持而且能够提高合作效率和节约合作成本。

五是构建平衡的国际科技创新网络。过度依赖某个(些)国家是中国实施国际科技创新合作的一个特征,从新中国成立初期依赖苏联到后来依赖美国。与科技创新能力更强的国家合作是自然的,但不分青红皂白地与之合作,或者为合作而合作不仅违背了科学原则,也违背了收益最大化原则。就后一个原则而言,在国际科技创新合作资源给定的条件下,要获得最大化的合作收益,就必须把合作资源最有效地配置到与某个学科领域最有优势国家的合作中。遵循这样的合作原则通常情况下不会产生对某一个国家的过度依赖,而会出现一个多元化的合作网络。虽然从世界来看,中东欧16国的科技创新能力都未达到最高水平,但是在某些科技创新领域还是有优势的,比如斯洛伐克和匈牙利在高技术制造业、捷克的汽车制造业以及各国的优势学科差异都值得与之合作。同时,针对不同国家经济发展和提升科技创新能力的需要,采取差别化的合作策略,以此达到提升自己多元化的国际科技创新合作能力。

六是提升科技创新服务的国际化能力。国际科技创新合作有公利性和私利性之分,后者主要是为了解决国内问题、满足本国需要而合作,大多数情况下的国际科技创新合作指的是这种合作;前者是一国为解决其他国家的问题去合作,即使这种合作对中国来说没有眼前的利益,但不可忽视其潜在的长期价值。提升中国国际化的科技创新能力在某些情况下要比短期见效的合作成果更重要。诸如中东欧16国或其他国家需要解决其存在的科技创新问题而寻求国际合作时,即使中国国内没有此类问题,政府还是要支持相关领域的科技专家与之合作,以积累这些领域的知识和能力。

七是发挥国家集群优势。十余年来,中国外交的一个明显特征是国家集群特征,即以一种合作机制同时与地理上相邻(或国际关系密切)的多个国家合作,比如中东欧16国、"金砖五国"和南太平洋岛国以及更早的上海合作组织等。由于这些国家相邻,通常遇到相同或近似的科技创新问题,以国家集群的形式合作,能够发挥合作的规模效应或范围效应,提高合作的效果和影响力。

八是培育国际合作比较优势。虽然美国政府强制本国的研发机构和企业减少或停止与中国的科技创新合作,但是随着中国科技创新能力的增强,美国及其他国家的研发机构和企业更愿意与中国合作。为此,中国必须从与美国等国家战略竞争的层面创建多样化、高层次的国际科技创新平台,吸引全球科学家、企业家来中国合作,增强在国际科技创新合作网络中的中心性。与之相配套,必须坚定不移地建立高质量的市场经济体制,创建国际最优的营商环境以激励更多的外国企业和人才来中国创新创业。

参 考 文 献

1.［英］阿诺德·汤因比：《历史研究》（修订插图本），刘北成、郭小凌译，上海人民出版社 2000 年版。

2.［英］安格斯·麦迪森：《世界经济千年史》，伍晓鹰、许宪春、叶燕斐、施发启译，北京大学出版社 2003 年版。

3.白春礼：《加快科技创新国际化步伐》，《求是》2013 年第 10 期。

4.白锋哲、吕珂昕：《开放合作引领农业走向世界——党的十八大以来农业国际合作成就综述》，《农民日报》2017 年 9 月 25 日。

5.［美］德怀特·H.波金斯、斯蒂芬·拉德勒、戴维·L.林道尔：《发展经济学》（第六版），彭刚等译，中国人民大学出版社 2013 年版。

6.潘天明：《影响国际科技合作走向的因素》，《全球科技经济瞭望》1999 年第 4 期。

7.浦江创新论坛：《2016 双轮驱动：科技创新与体制机制创新》，http://www.pujiangforum.cn/cn/index.aspx#history。

8.马林英：《美国工程科学院关于加强国际科技合作的建议》，《国际科技交流》1989 年第 11 期、1989 年第 12 期、1990 年第 1 期。

9.马颂德：《新世纪如何开拓国际科技合作的新局面》，《中国科技产业》2001 年第 2 期。

10.马细谱、李少捷主编：《中东欧转轨 25 年观察与思考》，中央编译出版社 2014 年版。

11.［英］阿弗里德·马歇尔：《经济学原理》，廉运杰译，华夏出版社 2005 年版。

12.［美］R.麦克法夸尔、费正清编：《剑桥中华人民共和国史》下卷，俞金尧等译，中国社会科学出版社 1992 年版。

13.傅利平、何磊：《国际科技合作的新模式——与国外企业共建联合实验室》，《中国科学院院刊》1995 年第 4 期。

14.［美］道格拉斯·C.诺思：《经济史中的结构与变迁》，陈郁、罗华平等译，上海三联书店 2002 年版。

15.德勤有限公司(Deloitte):《2016 年全球制造业竞争力指数》,https://www2. deloitte. com/content/dam/Deloitte/cn/Documents/manufacturing/deloitte-cn-mfg - 2016 - gmci-report-zh-160622.pdf。

16.段瑞春:《论国际科技合作的法律适用》,《科学学与科学技术管理》1985 年第 4 期。

17.谈庆明:《为什么我们的科学技术远落后于美国?》,2018 年 7 月 9 日, http://www.elecfans.com/d/710697.html。

18.陶季邑:《美国关于中国 20 世纪 70 年代"一条线、一大片"外交战略研究述评》,《武汉科技大学学报(社会科学版)》2014 年第 2 期。

19.[美]詹姆斯·特赖菲尔:《世界历史上的科学》,张瑾译,商务印书馆 2015 年版。

20.原农业部新闻办公室:《中国农业走向世界大舞台——我国农业国际交流与合作发展成就综述》,2016 年 6 月 1 日,http://www.moa.gov.cn/xw/bmdt/201606/t20160601_5156949.htm。

21.[挪威]詹·法格博格、[美]戴维·莫利、理查德·纳尔逊主编:《牛津创新手册》,柳卸林、郑刚、蔺雷、李纪珍译,知识产权出版社 2009 年版。

22.李家洋:《中国科学院国际科技合作六十年》,《中国科学院院刊》2009 年第 5 期。

23.李民权:《国际科技合作的实践和思考》,《科研管理》1991 年第 4 期。

24.李明德:《中国科学家代表团 1972 年访美背景与简况》,http://www.doc88. com/p-7009755875607.html。

25.[英]李约瑟原著,柯林·罗南改编:《中华科学文明史》,上海交通大学科学史系译,上海人民出版社 2014 年版。

26.刘云、白旭:《中国在新兴技术领域的国际科技合作模式及其影响因素》,《技术经济》2016 年第 1 期。

27.刘云、叶选挺、杨芳娟等:《中国国家创新体系国际化政策概念、分类及演进特征——基于政策文本的量化分析》,《管理世界》2014 年第 12 期。

28.刘志明:《美教授论述美中科技交流与合作》,《国际科技交流》1989 年第 11 期。

29.[美]龙多·卡梅伦、拉里·尼尔:《世界经济简史》(第四版),潘宁等译,上海译文出版社 2012 年版。

30.鲁瑛、陈建刚、肖甲宏:《中央企业国际科技合作典型模式研究》,《创新科技》2016 年第 10 期。

31.罗青:《中保农业科技合作的实践与思考》,《全球科技经济瞭望》2017 年第 8 期。

32.古祖雪、柳磊:《国际科技合作中的知识产权归属:中国的缔约和立法实践》,《湘潭大学学报(哲学社会科学版)》2008 年第 4 期。

33.国际科技合作政策与战略研究课题组编著:《国际科技合作政策与战略》,科学出版社 2009 年版。

34.国家科技评估中心、科睿唯安:《中国国际科研合作现状报告——基于文献计量分析的视角》,2017 年 12 月 20 日,http://www.ncste.org/uploads/www/201712/200927062x7h.pdf。

35.国家知识产权局规划发展司:《美国在〈中国制造 2025〉涉及的主要技术领域全球发明专利不具优势明显》,《专利统计简报》2018 年 5 月 16 日。

36.G20:《二十国集团新工业革命行动计划》,2016 年 9 月 20 日,http://www.g20chn.org/hywj/dncgwj/201609/t20160920_3475.html。

37.[美]西蒙·库兹涅茨编著:《现代经济增长》,戴睿、易诚译,北京经济学院出版社 1989 年版。

38.[美]科恩:《科学中的革命》,鲁旭东、赵培杰、宋振山译,商务印书馆 1999 年版。

39.中国科技部:《中国科学技术发展报告》2011 年和 2014 年,http://www.most.gov.cn/mostinfo/index.htm。

40.中国科技部国际合作司:《从中菲农业科技合作基地建设看农业"走出去"战略》,《中国科技产业》2006 年第 10 期。

41.中国科技部国际合作司:《国家国际科技合作与交流专项 2015 年度报告》,2016 年 4 月,http://www.istcp.org.cn/2015 科技年报/index.html。

42.黄斌:《国际科学合作问题》,《世界科技研究与发展》1995 年第 4 期。

43.黄日茜、李振兴、张婧婧:《德国国际科技合作机制研究及启示》,《中国科学基金》2016 年第 3 期。

44.霍宏伟、王艳等:《中外政府间协议框架下国际科技项目合作网络研究》,《管理学报》2017 年第 7 期。

45.[美]吉姆·霍格兰:《第四次工业革命即将来临》,《参考消息》2017 年 11 月 24 日。

46.金炬、武夷山、梁战平:《国际科技合作文献计量学研究综述——〈科学计量学〉(Scientometrics)期刊相关论文综述》,《图书情报工作》2007 年第 3 期。

47.[美]钱德勒:《规模与范围:工业资本主义的原动力》,张逸人、陆钦炎、徐振东、罗仲伟译,华夏出版社 2006 年版。

48.秦波、吴圣、梁丹辉:《中国与中东欧农业合作研究现状及展望》,《农业展望》2016 年第 12 期。

49.秦涛、韩军、施筱勇、叶资英:《中欧科技合作现状与对策分析——基于中国参与欧盟框架计划情况的调查》，《调研世界》2010 年第 11 期。

50.习近平：《决胜全面建成小康社会　夺取新时代中国特色社会主义伟大胜利——在中国共产党第十九次全国代表大会上的报告》，人民出版社 2017 年版。

51.谢双：《领域广泛、规模巨大的中美科技合作》，《中国科技奖励》2004 年第 3 期。

52.徐祥运、张祖贵：《科学的非国家化与国际科技合作》，《自然辩证法通讯》1998 年第 6 期。

53.徐新民：《新中国对外科技合作与交流的历程》，《国际科技交流》1986 年第 3 期、第 4 期。

54.[美]詹姆斯·多尔蒂、小罗伯特·普法尔茨格拉夫：《争论中的国际关系理论》(第五版)，阎学通、陈寒溪等译，世界知识出版社 2003 年版。

55.张建华：《美国复兴制造业对中国贸易的影响》，上海人民出版社 2014 年版。

56.张淑荣、纪红旗、刘永胜：《国际农业科技合作引领现代农业发展的实践与启示——以北京中以示范农场和上海孙桥现代开发区为例》，《世界农业》2012 年第 9 期。

57.张晔、季天宇：《国产创新药为啥总是难产？新药创制：源头创新是短板》，《科技日报》2018 年 10 月 12 日。

58.张禹、黄钢：《加强国际科技合作交流　促进农业科研跨越式发展》，《农业科技管理》2001 年第 2 期。

59.张泽宇：《中苏科技合作委员会述论(1954—1966 年)——基于苏联解密档案的研究》，《当代中国史研究》2016 年第 6 期。

60.郑崇直、毛国清：《讲求实效开展多种形式的国际科技合作》，《中国科学院院刊》1996 年第 1 期。

61.中共中央、国务院：《1956—1967 年科学技术发展远景规划纲要(修正草案)》，http://www.most.gov.cn/ztzl/gjzcqgy/zc9gylshg/200508/t20050831_24440.htm。

62.中国科学院国际合作局：《中国科学院国际合作四十年》，《中国科学院院刊》1989 年第 3 期。

63.中国科学院科技战略咨询研究院、中国科学院文献情报中心、科睿唯安：《2018 研究前沿》，https://clarivate.com.cn/wp-content/uploads/2018/10/Research_Fronts_2018_CN-1.pdf。

64.陈强、鲍悦华、李建昌：《德国国际科技合作及其对中国的启示》，《科技管理研究》2013 年第 23 期。

65.程尔晋：《国际合作促进科技发展》，《中国科学院院刊》1994 年第 4 期。

66.程如烟：《30 年来中国国际科技合作战略和政策演变》，《中国科技论坛》2008 年第 7 期。

67.沈志华:《苏联专家在中国(1948—1960)》(第三版),社会科学文献出版社 2015 年版。

68.商务部、国家统计局、国家外汇管理局:《中国对外直接投资统计报告》(2004—2017 年),http://fec.mofcom.gov.cn/article/tjsj/tjgb/。

69.宋健:《关于〈中华人民共和国科学技术进步法(草案)〉的说明》,中国人大网,1992 年 10 月 30 日,http://www.npc.gov.cn/wxzl/gongbao/2000-12/28/content_5002941.htm。

70.杨佩琳:《对外科技合作必须得到法律保障》,《科学学与科学技术管理》1985 年第 10 期。

71.杨小林:《中国科学院国际科技合作的突破与发展》,《科学对社会的影响》2006 年第 3 期。

72.杨易、于敏、姜明伦:《从农业国际合作视角看我国农业科技创新》,《科技进步与对策》2013 年第 9 期。

73.[罗]伊昂-奥莱尔·波普:《罗马尼亚史》,林亭、周关超译,中国人民大学出版社 2018 年版。

74.易继明:《近代以来我国国际科技合作史略述》,《科技与法律》2004 年第 2 期。

75.俞慧友、刘维帅:《珍贵地方种质资源再不"抢救"就晚了》,《科技日报》2018 年 7 月 19 日。

76.汪广仁:《对外开放与中国现代技术的进步》,《清华大学学报(哲学社会科学版)》1996 年第 2 期。

77.王葆青:《以国际新兴理念思考我国的国际科技合作》,《中国科学院院刊》2014 年第 2 期。

78.王葆青:《中国科技软实力与科学外交》,《全球科技经济瞭望》2009 年第 11 期。

79.王逸:《国际科技合作中的"利他"问题》,《中国基础科学》2008 年第 2 期。

80.王友发、罗建强、周献中:《近 40 年来中国与"一带一路"国家科技合作态势演变分析》,《科技进步与对策》2016 年第 24 期。

81.[美]布朗温·H.霍尔、内森·罗森伯格主编:《创新经济学手册》第二卷,上海市科学学研究所译,上海交通大学出版社 2017 年版。

82.吴建南、郑长旭、姬晴晴:《"一带一路"战略实施与国际科技合作创新——基于 NSFC 资助论文的分析》,《情报杂志》2016 年第 4 期。

83.吴贻康:《60 年的中国国际科技合作》,《中国科技产业》2009 年第 11 期。

84.吴贻康:《对外开放 走向世界——八年来我国的国际科技合作与交流蓬勃发展》,《中国科技论坛》1987 年第 6 期。

85. OECD, "OECD Economic Surveys-Estonia" (overview), 2017, https://www.oecd. org/eco/surveys/economic-survey-Estonia.htm.

86. OECD, "OECD Economic Surveys-Latvia" (overview), 2017, https://www.oecd. org/eco/surveys/economic-survey-latvia.htm.

87. OECD, "OECD Economic Surveys-Poland" (overview), 2018, https://www.oecd. org/eco/surveys/economic-survey-poland.htm.

88. OECD, "OECD Economic Surveys-Slovak Republic" (overview), 2017, https:// www.oecd.org/eco/surveys/economic-survey-Slovak-Republic.htm.

89. OECD, "Opportunities, Challenges and Good Practices in International Research Cooperation between Developed and Developing Countries", April 2011.

90. European Commission, "European Innovation Scoreboard 2017", https://ec. europa.eu/DocsRoom/documents/24829.

91. European Commission, "European Innovation Scoreboard 2018", https://ec. europa.eu/docsroom/documents/33147.

92. United Nations Educational, Scientific and Cultural Organization, "Science Report: Towards 2030 Global Overview", 2015, https://unesdoc.unesco.org/ark:/48223/ pf0000235407_chi.

93. United Nations Industrial Development Organization (UNIDO), "Industrial Development Report 2018", https://www.unido.org/sites/default/files/files/2017 - 11/ IDR2018_FULL%20REPORT.pdf.

94. United Nations Conference on Trade and Development (UNCTAD), "World Investment Report", 2001 - 2017, https://unctad.org/en/Pages/DIAE/World% 20Investment%20Report/Annex-Tables.aspx.

95. Braun T., Glanzel W., "International Collaboration: Will It be Keeping Alive East European Research?", *Scientometrics*, Vol.36, No.2, 1996.

96. Tarek Sadraoui, "Economic Growth and International R&D Cooperation: A Panel Granger Causality Analysis", *International Journal of Econometrics and Financial Management*, Vol. 2, No. 1, 2014.

97. The National Science and Technology Council, the Subcommittee on Advanced Manufacturing on Technology, "Strategy for American Leadership in Advanced Manufacturing", October 2018, https://www.manufacturing.gov/.

98. The Royal Society, "New Frontiers in Science Diplomacy", https://www.aaas. org/sites/default/files/New_Frontiers.pdf.

99. National Science Board, "Science & Engineering Indicators 2018", Chapter 5, https://www.nsf.gov/statistics/2018/nsb20181/assets/nsb20181.pdf.

100.Terttu luukkonen, R. J. W. Tijssen, O. Persson, G. sivertsen, "The Measurement of International Scientific Collaboration", *Scientometrics*, Vol.28, No.1, 1993.

101.Katz, M. L., "An Analysis of Cooperative Research and Development", *Rand Journal of Economics*, Vol. 17, No. 4, 1986.

102. Klaus Schwab, etc., "The Global Competitiveness Report", 2008 – 2019, https://www.weforum.org/reports.

103.Hiroshi Nagano, "International R&D Cooperation in Asia", 2013, https://xueshu. baidu.com/usercenter/paper/show.

104. Soumitra Dutta, Bruno Lanvin, Sacha Wunsch-Vincent, etc., "The Global Innovation Index", 2008 – 2019, https://www. wipo. int/publications/en/details. jsp? id=4434.

105. Wagner C. S., Leydessdorff L., "Mapping the Network of Global Science: Comparing Nternational Co-authorship from 1990 to 2000", *Int. J. Technology and Globalization*, Vol.1, No.2, 2005.

106.Wilson C. S., Markusova V. A., "Changes in the Scientific Output of Russia from 1980 to 2000, as Reflected in the Science Citation Index, in Relation to National Politico-Economic Changes", *Scientometrics*, Vol.59, No.3, 2004.

107. World Bank Group, "World Development Indicators", https://datatopics. worldbank.org/world-development-indicators/, 2018.

策划编辑：郑海燕

责任编辑：郑海燕　李甜甜

封面设计：王欢欢

责任校对：史伟伟

图书在版编目（CIP）数据

中国与中东欧国家的科技创新合作/张建华 著. —北京：人民出版社，
　2020.3
ISBN 978－7－01－021899－1

Ⅰ.①中…　Ⅱ.①张…　Ⅲ.①国际科技合作-研究-中国、欧洲
Ⅳ.①F125.4②F150.54

中国版本图书馆 CIP 数据核字（2020）第 032638 号

中国与中东欧国家的科技创新合作
ZHONGGUO YU ZHONGDONGOU GUOJIA DE KEJI CHUANGXIN HEZUO

张建华　著

人民出版社 出版发行
（100706　北京市东城区隆福寺街 99 号）

北京中科印刷有限公司印刷　新华书店经销

2020 年 3 月第 1 版　2020 年 3 月北京第 1 次印刷
开本：710 毫米×1000 毫米 1/16　印张：10.25
字数：152 千字

ISBN 978－7－01－021899－1　定价：45.00 元

邮购地址 100706　北京市东城区隆福寺街 99 号
人民东方图书销售中心　电话 （010）65250042　65289539